RECUEIL
DE
POËSIES
NOUVELLES,

A LONDRES.

M. DCC. LI.

par Mr. Pierre valois D'orville.

voyez diction. des théâtres et dictionn. historiq.

L'ANTIQUAIRE,

COMEDIE

EN TROIS ACTES.

par Valois D'orville

A LONDRES.

M. DCC. LI.

AVERTISSEMENT.

CETTE *Comédie a été faite pour être représentée dans les Colleges, c'est pour cette raison qu'on n'y a mis aucuns personnages de femme, quoiqu'elle en soit bien susceptible, & qu'ils y eussent produit des effets très-agréables. Qu'y auroit-il eû, par exemple, de plus divertissant qu'une scène, où l'Antiquaire amoureux eût balancé entre une vieille & une jeune Maîtresse? Entre une beauté Romaine, une beauté Grecque, & une beauté Françoise? Son goût pour l'antiquité lui eût fait préferer la beauté Grecque à toutes les autres, la vieille maîtresse à la jeune, &c. L'Auteur étoit bien capable d'exécuter cette idée; mais comment auroit-on pû l'y engager, puisqu'il ne vouloit pas même consentir à ce qu'on donnât sa Comedie au Public, & que c'est à son insçû qu'on l'imprime aujourd'hui ? Elle fut représentée l'année derniere à Paris dans un des Colleges de l'Université ; le succès qu'elle y eût nous fit souhaiter d'en avoir une copie, & nous esperons que l'Auteur nous pardonnera ce petit larcin, dont le Public nous sçaura bon gré.*

PROLOGUE.

Un homme extrême en ses caprices
Est sourd aux cris de la raison,
Et ne voit pas les précipices
Où le conduit sa passion.

L'un s'appauvrit par ses largesses,
Et donne sans discernement ;
Un autre avide de richesses
Meurt affamé sur son argent.

Le fourbe, par cent artifices,
Veut se cacher aux yeux d'autrui ;
Mais il a beau faire, ses vices
Le font connoître malgré lui.

Voilà, Messieurs, ce dont la scène
A cent fois tracé le tableau,
Aujourd'hui la foiblesse humaine
Nous présente un portrait nouveau.

C'EST un faux Sçavant qui m'exhorte
A suivre en tout l'antiquité ;
Et qui, jusqu'en l'habit qu'il porte,
Veut éviter la nouveauté.

UN Livre, un vieux meuble, une antique
Excite son attention,
Tandis que dans son Domestique
Il laisse tout à l'abandon.

IL vous parle avec connoissance
Du viel Empire Assyrien ;
Mais demandés lui si la France
Est Monarchique ? il n'en sçait rien.

Quoique moins instruit qu'aucun homme
De ce qu'on fait dans sa maison,
Il sçait cependant ce qu'à Rome
Le bled se vendoit sous Neron.

Il veut ſçavoir ce que l'Hiſtoire
Dit des Calendes d'autrefois,
Tandis qu'il ſe fait une gloire
D'ignorer juſqu'au jour du mois.

On le verroit de la lumiere
Méconnoître l'utilité,
Si l'aſtre brillant qui l'éclaire
N'eût éclairé l'antiquité.

Voilà toujours, ſans la prudence,
Où la ſcience nous conduit;
On s'applaudit d'une ignorance
Qu'un fol entêtement produit;

Et l'on n'omet rien pour connoître
Ce qui n'eſt pour nous d'aucun fruit,
Tandis qu'on néglige peut être
Ce dont on devroit être inſtruit.

Et par-là ſouvent l'on s'expoſe
A ſe voir le jouet d'autrui;
C'eſt, Meſſieurs ce qu'on ſe propoſe
De vous faire voir aujourd'hui.

PERSONNAGES.

PANTAXE'S, ANTIQUAIRE,

VALERE, Fils de Pantaxés.

POLEMARQUE, Capitaine d'Infanterie.

DAMOCLE'S, Marchand d'anticailles.

CRISPIN, Valet de Valere.

LA FLECHE, Valet de Pantaxés.

La Scene est dans un des appartemens de Pantaxés.

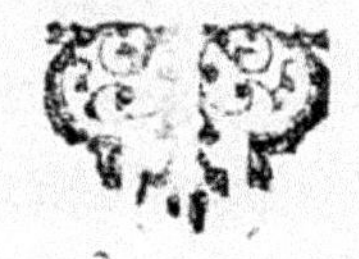

L'ANTIQUAIRE
COMEDIE.

ACTE PREMIER.

SCENE PREMIERE.

PANTAXE'S, VALERE.

PANTAXE'S.

U t'obstines toujours à me désobéir,
Fils ingrat, dont jamais je ne pourrai jouir;
Sans le moindre respect pour les avis d'un pere,
Toujours tu te feras un jeu de me déplaire!

VALERE.

De grace, épargnés moi ces reproches amers,
Mon pere, vos avis me seront toujours chers,

Toujours obéissant, respectueux, docile,
Vos ordres n'auront rien pour moi de difficile,
Vous me verrés soumis à tous vos sentimens,
S'il n'entre rien d'injuste en vos commandemens.

PANTAXE'S.

Je veux te rendre heureux le reste de ta vie,
Que trouves-tu d'injuste en cela, je te prie?

VALERE.

C'est être heureux, vraiment, que de se voir forcé
D'entrer dans un état qu'on n'eût pas embrassé;
Tandis qu'interposant l'autorité de pere
On s'oppose à celui qui seul pourroit me plaire.

PANTAXE'S.

Je veux, ainsi que moi, dans le monde sçavant,
Parmi les gens d'esprit te voir tenir un rang,
En suivant un état où tu sçais que moi-même
Je passe mes vieux jours dans un plaisir extrême,
Qui joint tant d'avantage à tant de dignité
Que j'en ai quelquefois un peu de vanité.

VALERE.

De quelle dignité sont ces meubles antiques,

Ces vieux morceaux de fer, ces restes de boutiques,
Que l'on ne peut toucher sans se gâter les doigts,
Tant ils sont pleins de crasse, & tout ce que je vois
Chez vous de vieux jettons, dites-moi, je vous prie
De quelle utilité tout cela dans la vie?

PANTAXE'S.

Que tu te connois mal en meubles précieux!
Oui, tous ces médaillons, ces monumens poudreux
Qui paroissent si vils aux yeux de l'ignorance,
Renferment des trésors d'esprit & de science.

VALERE.

Quoi ce fer à cheval, qu'hier on vous vendit,
Renferme des trésors de science & d'esprit?
C'est un fer tout usé, plein de rouille & de crasse,
Qu'un gueux ne voudroit pas mettre dans sa besace.
Je n'en donnerois pas un denier.

PANTAXE'S.

L'animal!
Un denier pour le fer du plus fameux Cheval
dont le nom ait jamais existé dans l'histoire;
De Bucéphale enfin d'eternelle mémoire.
Mais y pense-tu bien?

VALERE.

J'y pense, assurément,
Et je ne penserai jamais differemment.

PANTAXE'S.

O le fou ! mais ſçais-tu, car il faut tout t'apprendre,
Dis moi, ſçais tu le tems où vivoit Alexandre ?

VALERE.

Oui.

PANTAXE'S

Tu ſcai bien auſſi qu'il montoit un Cheval.
Qui dans le monde entier n'eût jamais ſon égal ?

Or, ce fer tout uſé qui bleſſe ici ta vue
Que tu ne voudrois pas ramaſſer dans la rue
Et dont il me paroit qu'on fait ſi peu de cas
Par la ſeule raiſon qu'on ne le connoit pas,
Ce fer, de ce Cheval fut jadis la ferrure.

VALERE.

Eh bien ! que s'enſuit-il ?

PANTAXE'S.

O la cervelle dure !
Le fer de Bucephale, eh bien ! euh l'ignorant
Qui confond une pierre avec un diamant.
Vas, vas je te mettrai chez un habile maître
Qui dans fort peu de tems te fera mieux connoître
Les ſecrets de la riche & noble antiquité.

VALERE.

VALERE.

Je n'ai point pour cela de curiosité,
Il est d'autres secrets qui pressent davantage,
Et qu'il n'est pas permis d'ignorer à mon âge;
La danse & la musique ont pour moi plus d'attraits,
Le reste, s'il le faut, pourra venir après.

PANTAXE'S.

On trouve tout cela dans l'Art des antiquailles,
C'est l'art universel que celui des médailles.
Tu connois Fadius, ce Médailliste expert,
Qui sçait son GOLTZIUS tout comme son pater?
C'est près de lui quej'ai résolu de te mettre,
On est bien-tôt sçavant sous un habile maître.

VALERE.

Je vous suis obligé des soins que vous prenés,
Mais je sens pour l'état où vous me destinés
Un dégoût trop marqué.

PANTAXE'S.

Le commencement gêne,
Mais Fadius sçaura t'en adoucir la peine.
C'est un homme sçavant!

VALERE.

Sçavant tant qu'il voudra,
Jamais je ne pourrai consentir à cela.

Je me sens entraîné vers l'état militaire,
De grace, à mes désirs, cessés d'être contraire,
Et puisque Polémarque a reçu l'agrément
De quitter le service avec le Régiment,
Et qu'il doit aujourd'hui vendre sa Compagnie,
Achetés la pour moi, mon pere, je vous prie,
L'occasion est belle, & si vous la manqués ...

PANTAXE'S.

Obéis, mes désirs te sont assez marqués.
Je ne veux pas qu'un fils me raisonne, & s'obstine
A refuser l'état auquel je le destine.
Or, je veux & j'ordonne en vertu de mes droits,
Sans plus me repliquer, que tu suives mes loix.
Je suis las à la fin de tant de résistance,
Moins de raisonnemens & plus d'obéissance.

VALERE.

Et comment obéir si je ne le puis pas ?

PANTAXE'S.

Que dis-tu, scélérat ?

VALERE.

Je dis qu'il est des cas
Où c'est pour les parens une grande injustice
De prétendre qu'un fils en tout leur obéisse,

Et qu'on peut se soustraire à leur commandement.

PANTAXE'S.

Si je ne retenois ma rage à ce moment,
Je te ferois bientôt mettre bas ton audace.
Ah, ce discours me tue, & je quitte la place,
Mais si tu tiens encor à ta rebellion,
Je te prive, à jamais, de ma succession.

SCENE II.

VALERE *seul.*

NON, je ne conçois pas de plus affreux martyre
Que le genre de vie où l'on veut me réduire,
Et je sens par avance à quel destin cruel
Me condamne aujourd'hui cet ordre paternel.
Mais si pour éviter un destin si contraire
Je brave ouvertement les ordres de mon pere,
Il est homme sans doute à m'ôter tout son bien,
Et par-là mon projet se voit réduit à rien,
Cependant si Crispin la bourse bien remplie,
Peut me mettre en état d'avoir la Compagnie,
Je l'achette, & d'abord je joins le Régiment.

Ce Valet ne vient point, & son retardement
Me fait craindre que... Mais je vois venir mon homme.
Eh bien ! reviens-tu riche, apportes-tu la somme.

SCENE III.

VALERE, CRISPIN.

CRISPIN.

Je m'en reviens, Monsieur, comme j'étois allé,
Excepté que je suis un peu plus essoufflé ;
Je n'ai reçu partout que des refus honnêtes,
Et l'on a mis néant au bas de mes requêtes.
J'ai couru de la Ville & l'un & l'autre bout,
Et je n'ai rencontré que misere par-tout.
J'ai prié, j'ai pressé ; toute chose inutile,
L'argent s'est envolé cette nuit de la Ville ;
Il n'en reste parbleu pas cela.

VALERE.

Tu n'a pas
L'argent dont jai besoin pour sortir d'embaras ?

CRISPIN.

Je ne rapporte pas seulement deux oboles.
On ne donne par-tout que de belles paroles.

VALERE.

Ne leur as tu pas dit que mon pere...

CRISPIN.

A du bien.

VALERE.

Que je ſuis fils unique.

CRISPIN.

Oui, qu'ils ne riſquent rien.

VALERE.

Et que répondent ils à cela?

CRISPIN.

Des ſornettes,
Que l'on ne peut contraindre à rembourſer les dettes
Qu'à l'inſçû de ſon peré un fils a contracté.

VALERE.

Mais je leur donnerai pour pleine ſureté
Un billet de ma main, en faut-il davantage?

CRISPIN.

Mais ils diſent encor que vous n'avez pas l'âge,
Et que votre billet ne ſerviroit de rien.

VALERE.

Je donne vingt pour cent d'intérêt.

CRISPIN.

J'entens bien,
Je diſois tout cela.

VALERE.

La rente eſt bien honnête.

CRISPIN.

C'est ce que je ne puis leur fourer dans la tête.
Ils vous disent toujours, nous n'avons point d'argent,
D'un ton poli d'ailleurs, d'un air fort obligeant.

VALERE.

Tu peux du moins trouver ...

CRISPIN.

Pas un denier, qu'édiable,
Ne me croyez-vous pas ?

VALERE.

Ah ! voilà ce qui m'acable !
Je ne dois pourtant pas me chagriner si fort ;
Si tu veux seulement faire encore un effort ;
Ton esprit pénétrant & fertile en ressources
Trouvera le moyen de m'ouvrir quelques bourses.

CRISPIN.

Vraiment de les ouvrir ce n'est pas l'embaras ;
Mais d'en tirer l'argent, d'en avoir les ducats,
C'est le diable, Monsieur, & malgré cette adresse
Que vous me prodigués avec tant de largesse,
Malgré tous les talens dont le Ciel m'a pourvû,
Je n'en tirerois pas seulement un écu.

VALERE.

Quoi ces premiers refus te font perdre courage ?
Ignores-tu, Crifpin, qu'il eft d'un homme fage
De ne point fe laiffer abbattre au premier choc ?
Oui, quand tu trouverois des cœurs plus dur qu'un roc
Il faut les amollir. Cherche donc en toi-même
Quelque autre expédient dans mon befoin extrême.

CRISPIN.

Eh bien penfons y donc. Je m'écarte un moment.
Un efprit retiré penfe plus fainement.
Eloignez vous de moi paffions nébuleufes
Qui répandés fur nous vos vapeurs ténébreufes;
Que la feule raifon gouverne mon efprit.

Il rêve.

Il me faudra changer & de nom & d'habit . . .
Et du nouveau venu j'apprendrai le langage. . . .
Puis faifant un amas de meubles de ménage. . . .
Bon. . . courage . . . déja l'affaire eft en bon train,
Notre homme en a dans l'aîle. . . vive, vive, Crifpin. *à Valere.*
Oh ! pour le coup, Monfieur, nous tenons le bon homme,
Pas plus tard que ce foir nous aurons notre fomme,

Je vous promets d'avance un succès très-certain.
Notre homme en a dans l'aîle... Allons vive Crispin.
Nous aurons cet argent de Monsieur votre pere.

VALERE.

Te mocques-tu ?

CRISPIN.

Non pas; voici toute l'affaire.
Vous sçavez bien, Monsieur, ... retenés bien ceci...
Mais pour un tel discours sommes nous bien ici ?
Car je serois fâché que l'on vint nous surprendre.

VALERE.

Non, non, dis seulement, on ne peut nous entendre.

CRISPIN.

Il est venu depuis quatre jours environ
Un certain... Ah, mon Dieu ! je ne sçais plus son nom,
C'est un de ces marchands de Livres, de médailles,
De Talismans ; enfin un vendeur d'anticailcailles,
Il s'appelle... aidez-moi, son nom finit en és....
Damoclés... le voilà, c'est lui, c'est Damoclés.

VALERE.

Eh bien ! qu'a tout cela de commun, je te prie,
Avec l'argent qu'il faut pour notre Compagnie ?

CRISPIN.

Donnés vous patience, écoutés seulement,
Et vous serez instruit de tout dans un moment.
Or je vous dirai donc que Monsieur votre pere
Qui fait, pour nos péchés, le métier d'Antiquaire
L'a fait prier tantôt de venir aujourd'hui
Lui montrer ce qu'il a de plus rare chés lui.
S'il voit quelque morceau, quelques riches médailles
Qui ne se trouvent pas parmi ses anticailles
Il veut les acheter ... Le voici justement.
Retirés vous, Monsieur, sortés pour un moment.

VALERE.

Pourquoi veux tu ....

CRISPIN *en le prenant par le bras.*

Sortés.

VALERE.

Mais que veux tu donc faire?
Ma présence pourroit être ici nécessaire.

CRISPIN *en le poussant jusqu'à la porte.*

Si vous étiés présent vous pourriez tout gâter,
Il ne faut pas qu'on puisse ici nous écouter.

CRISPIN *seul avant que Damoclés paroisse.*

Je suis embarrassé plus que je ne puis dire,
Car il faut l'écouter quelque tems pour m'instruire,

Si pendant ce tems là Pentaxés nous ſuprend,
Adieu mon beau projet, adieu tout mon argent.
N'importe il faut l'entendre au moins quelques minutes,
Et ſur ce qu'il dira j'ajuſterai mes flutes,
Puis lorſque je ſçaurai ce qu'il me faut ſçavoir,
Je lui préſenterai proprement le bon ſoir.

SCENE IV.

CRISPIN, DAMOCLE'S.

DAMOCLE'S.

SALUT au plus parfait ſerviteur de notre âge.

CRISPIN.

Honneur à Damoclés, très-ſçavant perſonnage

DAMOCLE'S.

Le ſçavant Pantaxés qui m'a fait appeller
Eſt-il à la maiſon, & peut-on lui parler ?

CRISPIN.

Le Seigneur Pantaxés ne fait que deſcendre,
Il n'auroit pas manqué, Monſieur, de vous attendre
S'il avoit pû prévoir que vous vinſſiez ſitôt.

DAMOCLE'S.

Le mal n'eſt pas bien grand, je reviendrai tantôt.

Je vais en attendant voir un autre Antiquaire,
Avec lequel je dois terminer une affaire.
Il s'agit entre-nous d'un certain médaillon
Qu'il prétend être avant le siege d'Ilion.
Tandis que je suis sûr qu'il est du bas Empire.

CRISPIN.

Il a tort de vouloir ainsi vous contredire:

DAMOCLE'S.

Vous vous y connoissés?

CRISPIN.

Non, mais l'on voit d'abord
Que quand l'un a raison il faut que l'autre ait tort.

DAMOCLE'S.

Ici tout fait pour moi; le Type, la Legende,
L'exergue....

CRISPIN.

O Dieu! quels mots! je veux bien qu'on me pende
Si je sçais....

DAMOCLE'S.

Et le coin... c'est par le coin sur-tout
Que je veux aujourd'hui pousser mon homme à bout.
Il prétend de Priam y remarquer la bouche,
Tandis que de Neron & les traits & l'œil louche,
S'y trouvent exprimés si manifestement
Qu'on les reconnoîtroit au toucher seulement.
Mais son entêtement va jusqu'à la folie,

Il veut y voir Priam, Priam est sa manie.

CRISPIN.

Pantaxés aura bien du regret de sçavoir
Que vous soyés venu sans qu'il ait pû vous
voir,
Vous dont on vante tant la science pro-
fonde,
Et qui de votre nom remplissés tout le
monde.

DAMOCLE'S.

Hélas! je ne suis pas digne de tant d'honneur;
Mais d'où connoissez-vous votre humble
serviteur.

CRISPIN.

D'où je vous connois, moi? que la deman-
de est bonne;
Eh! dans toute la Ville est-il une personne
Qui ne parle de vous?

DAMOCLE'S.

J'en suis surpris vraiment,
Etant ici depuis quatre jours seulement.

CRISPIN.

Il en est des Sçavans de votre caractere,
Ainsi que des Héros, dont la vertu guer-
riere
Ne peut, dit-on, long-tems se dérober
aux yeux.

DAMOCLE'S.

C'est ce que nous lisons d'Achille en divers
lieux,

Il

Il s'étoit déguisé sous des habits de femme.
Ses nobles sentimens renfermés dans son ame
Eclatant à l'aspect d'un ornement guerrier
Lui font bien-tôt changer sa coëffure en laurier.

CRISPIN.

C'est ainsi qu'un sçavant malgré sa vigilance
Est toujours découvert par sa propre science
Le bruit de votre nom en tout lieu répandu
Vous avoit fait connoitre avant qu'on vous eût vû.

DAMOCLE'S.

Tel estoit Archias, ce sçavant personnage,
Dont Ciceron nous rend ce rare temoignage,
Que quoiqu'on vantât fort son érudition
Sa présence augmentoit sa réputation.

CRISPIN.

Quelle érudition, vous possedés l'histoire
Aussi bien que celui qui l'a faite. Il faut croire
Que vous avés bien lû pour estre si sçavant

DAMOCLE'S.

Je lisois autrefois beaucoup & bien souvent
Le desir de sçavoir, l'amour de la lecture
Me faisoient oublier jusqu'à ma nourriture.
Je me fais aujourd'hui d'autres amusemens,
La noble antiquité, ses riches monumens,
Voila ce qui m'occupe, & pour m'y rendre habile

Depuis plus de dix ans je cours de Ville en Ville,
J'ay penetré partout, & j'ay vû de mes yeux
Tout ce que l'Univers a de plus curieux.
De l'Egypte j'ai vû les sepulchres antiques;
les Cyrques de la Grece, & les jeux Olympiques.
J'ay vû . . .

CRISPIN.

Je vous retiens trop long temps en ces lieux,
Aux Sçavans comme vous le temps est précieux.

DAMOCLE'S.

Rien ne presse & je suis en bonne Compagnie.
J'ay vû, dis-je, j'ay vû tout ce que l'Italie
A de plus curieux en fait d'Antiquité.
En Espagne j'ai vû . . . .

CRISPIN *à part.*

Je crois en verité
Qu'une rage subite est entrée en son ame,
Il ne déparle pas, c'est pire qu'une femme
Si le Monde est bien grand, prépare toi Crispin
A l'entendre parler jusqu'à demain matin.

DAMOCLE'S.

Plait-il ?

CRISPIN.

Je dis Monsieur que cet autre Antiquaire

Avec qui vous devés terminer une affaire
S'impatientera.

DAMOCLE'S.

J'irai demain chez lui
Si je n'ai pas le temps de le voir aujourd'hui.
J'ai vû les Cabinets les plus rares de France
Où j'examinois tout avec que diligence,
Et ce que je croyois de quelque utilité
Et qui me paroissoit digne d'estre emporté,
Je le mettois à part & j'en faisois emplette,
Et c'est ce que je porte ici dans ma Cassette.

CRISPIN.

J'aurai soin de le dire à Pantaxés ce soir.

DAMOCLE'S.

Vous me ferés plaisir; quand pourrai-je le voir.

CRISPIN.

Non, non, restés chez vous, il ira bien lui même
Quand-il . . . .

DAMOCLE'S.

Ce me seroit un déplaisir extrême
Qu'il s'en donnât la peine.

CRISPIN *le poussant toujours vers la porte.*

Eh! non, vous dis-je, non,
Il sçait trop le respect qu'il doit à vôtre nom.

SCENE V.

CRISPIN *seul.*

IL est enfin parti : grace à Dieu, j'en suis quitte.
Il estoit temps parbleu qu'il finît sa visite.
Ca Pantaxés n'est pas bien éloigné d'ici.
Mais la chose est allée à souhait, Dieu merci.
Il m'en a dit assés pour m'apprendre un langage.
Dont pour notre dessein nous devons faire usage ;
Et d'ailleurs avec moi personne ne l'a vû,
Il falloit tout cela, sans quoi j'estois perdu.
Formé par ses leçons, instruit à son école,
D'un sçavant maintenant je puis jouer le role,
Car ce point entre encore dans mes arrangemens.
Allons je suis content de ces commencemens.
Crispin, courage, il faut par un coup de souplesse
Montrer à l'univers jusqu'où va ton adresse,
Et par ce dernier trait qui manque à ton tableau,

Qu'il croye en te voyant voir un Scapin
nouveau.
Voici pour réussir comment je dois m'y
prendre,
Je flatterai le Pere en lui faisant entendre
Que j'ai quelque pouvoir sur l'esprit de son
Fils
Et qu'il m'écoute assés pour suivre mes
avis ;
Que s'il veut s'en remettre à moi de cette
affaire
En moins de quatre jours j'en fais un Anti-
quaire ,
Pourvu . . . Mais le voici qui porte ici
ses pas.

SCENE VI.

PANTAXE'S , CRISPIN.

PANTAXE'S *tenant une Medaille qu'il examine attentivement.*

C'Est un Othon , ou bien je ne m'y con-
nois pas
La Legende le prouve , & quiconque le nie
Doit estre regardé comme un petit genie.
Jamais ce ne fut là le nez de Constantin.
Ni le menton d'Auguste . . . *Il va donner de la tête contre Crispin.* Ah ! te voila ,
Crispin ,
Tu me parois réveur contre ton ordinaire

Que fais tu là dis-moi, n'a tu pas vû Valere?

CRISPIN.

Valere ? il est je crois à la maison, ou bien
Il est . . .

PANTAXE'S.

Il est ? dis donc.

CRISPIN.

Il est. . . . je n'en sçais rien,
Voudriés vous, Monsieur, lui dire quelque chose,
On ira le chercher.

PANTAXE'S.

C'est que je me propose
De lui faire embrasser l'état que j'ai suivis,
Et je le vois toujours contraire à mes avis ?

CRISPIN.

C'est fort mal fait à lui, n'êtes-vous pas le maître
Commandés, c'est à lui, Monsieur, à se soumettre
Si j'avois un enfant qui voulut raisonner,
Ah, vertubleu comment je sçaurois le mener.
Que dit-il, pour raison ?

PANTAXE'S.

Et que veux-tu qu'il die?
Qu'il n'a que du dégout pour ce genre de vie,
Et qu'il ne peut forcer son inclination.

CRISPIN.

Oh vraiment du dégout ! le beau petit mignon,
Voyés donc du dégout ! je le trouve admirable.
Il eſt vrai que l'état n'eſt pas fort honorable,
Qu'on ſe moque partout de ces petits ſçavans
Qui bornent leur ſcience à quelques taliſmans,
A quelques médaillons pleins de rouille & de craſſe.

PANTAXE'S.

Eh, mais ....

CRISPIN

Oh ! oui vraiment, il auroit bonne grace
De venir faire ici le petit dégouté.
Eſt-il plus grand Seigneur que vous n'avés eſté,
Croit-il ſe dégrader en imitant ſon pere ?
Il faut, Monſieur, il faut en faire un Antiquaire.
Il eſt encor bien vrai que c'eſt un mince honneur
Que l'état de ſçavant pour tout homme de cœur,
Que ce n'eſt nullement un grand ſujet de gloire
Que de ſçavoir par cœur quelque trait de l'Hiſtoire,
Et pouvoir déchiffrer ſur un morceau d'airain
De quelle forme eſtoit le nez de Conſtantin.

PANTAXE'S.

Encor, mais tu....

CRISPIN.

Non, non, ce n'est que pur caprice,
A vos ordres, Monsieur, il faut qu'il obeisse
Un pere par son fils se verroit traversé,
Ce seroit pour le coup, le monde renversé,
On sçait bien dans le fond qu'il sera fort à plaindre
Dans le genre de vie où l'on veut le contraindre,
Et qu'entre nous, Monsieur, votre fils n'est point fait
Pour s'enterrer tout vif au fond d'un Cabinet,
Ni pour aller chercher autour d'une Médaille
Le temps ou se donna telle ou telle Bataille.

PANTAXE'S.

Quoi toujours...

CRISPIN.

Et pourquoi vous tant embarasser,
Puisque ce choix vous plait, il faudra l'y forcer.

PANTAXE'S.

Je vois qu'il met en toi toute sa confiance,
Il t'écoute, tu peux vaincre sa résistance,
Fais lui de nôtre état sentir les agremens,
Tes discours feront plus que mes commandemens.

CRISPIN.

Je ne refuse pas de vous rendre service,
Et je ne doute pas que je n'y réussisse,
Mais il faut . . .

PANTAXE'S.

Parle, il faut.

CRISPIN.

Ne lui rien épargner
De tout ce qui pourra servir à le gagner.
Il faut un cabinet enrichi de Médailles
Et ce qu'on trouvera de riches anticailles.

PANTAXE'S.

Eh! pour le contenter je n'épargnerai rien,
Et quant au cabinet, je lui cede le mien.
De plus je fais venir un certain Antiquaire
Qu'on dit. . . .

CRISPIN.

Qui? Damoclés, cet homme extraordinaire
Qui vient . . . .

PANTAXE'S.

Tu le connois?

CRISPIN.

Je ne l'ai jamais vû
Mais il passe par tout pour homme entendu
Et qui connoit, dit-on, le fin de la science

PANTAXE'S.

S'il a quelque morceau d'un peu de consequence

Quelque rare qu'il soit, & quel qu'en soit le prix,
S'il veut s'en désaisir, je l'achette à mon fils.

CRISPIN.

O Fils dénaturé cœur de bronze & de pierre
Qui ne merite pas d'avoir un si bon pere.

PANTAXE'S.

Va-t'en donc, vas, Crispin, lui parler de ma part,
Tu reviendras ici dans une heure au plustard

CRISPIN.

Reposés vous sur moi de toute cette affaire,
Je vous promets, Monsieur, d'en faire un Antiquaire.

SCENE VII.

PANTAXE'S *seul.*

CE garçon vaut beaucoup, & je crois qu'aujourd'huy
L'on en trouveroit peu de semblables à lui,
C'est un de ces valets faits à l'ancienne crême,
Sur qui je puis compter tout comme sur moi même.

Heureux s'il eut vécu quatre mille ans plutôt,
Ce seroit sans mentir un valet sans deffaut,
Et digne en qualité d'ancien domestique
D'estre en mon cabinet comme une piece antique.
Où son nom de Crispin qui finiroit en és;
Le feroit appeller le valet Crispinés.
Je vais en attendant qu'il m'ameine Valere
Entrer ici dedans pour regler quelque affaire.

ACTE SECOND.

SCENE PREMIERE.

PANTAXE'S, VALERE, CRISPIN.

PANTAXE'S.

E'ntend du bruit là bas, je crois
que les voici.
Ce sont eux justement que j'entendois d'ici.

CRISPIN *parlant à Valere.*

Oui vous devez cela, Monsieur, à vostre
Pere
Qui fera tout pour vous.

PANTAXE'S.

Viens t'en ici Valere
Viens je veux te parler.

CRISPIN.

Vous le voyés Monsieur

Prêt à vous obeir du meilleur de son cœur

PANTAXE'S.

Ça répons moi mon fils, qu'est-ce que tu veux estre,
De ton sort aujourd'huy je te laisse le Maître.

VALERE.

Moy? je veux.... je ne veux.... répons pour moi Crispin.

CRISPIN *se plaçant de façon que Valere se trouve au milieu.*

Il ne peut point parler tant il a de chagrin
De vous avoir, Monsieur, tantôt mis en colere!
Je répondrai pour lui.

PANTAXE'S.

Dis moi, que veux tu faire!

CRISPIN

Mon Pere commandés je ne refuse rien.

PANTAXE'S.

Entends-tu bien, mon fils?

VALERE.

Eh! oui, j'entens fort bien.

PANTAXE'S.

Veux tu prendre toujours le parti de la guerre?

CRISPIN.

Je ne dois rien vouloir que ce que veut mon Pere.

PANTAXE'S.

Tu vois bien ?

VALERE.

Oui je vois.

PANTAXE'S.

Renonçant à jamais
Au parti qui pour toi semble avoir tant d'attraits ?

CRISPIN.

Il faut se conformer à tout ce qu'un pere aime.

PANTAXE'S.

Qu'en penses-tu, mon fils.

VALERE.

Je pense tout de même.

PANTAXE'S.

Tu veux donc embrasser l'état que j'ai suivis ?

CRISPIN.

S'il a pû plaire au pere, il faut qu'il plaise au fils.

PANTAXE'S. *à Valere.*

Que tu me fais plaisir de parler de la sorte,
Mon fils si grande joie au moment me transporte,
Que sans ma barbe grise, on me verroit soudain
Danser, cabrioler, sauter comme un lutin,

Hélas! si tu sçavois les funestes allarmes
Où m'a jetté tantôt ton amour pour les armes.

CRISPIN.

Monsieur pense sans doute en être bien plus gras
Quand il sera privé d'une jambe ou d'un bras
Croyez-moi ces jeux-là passent le badinage,
Dieu vous les a donnés pour un meilleur usage,
Il faut porter son corps tout entier au tombeau,
Plutôt que de se voir enterrer par morceau
Le sort d'un Antiquaire est plus digne d'envie,
Il ne quitte son corps au moins qu'avec la vie.

PANTAXE'S.

S'il n'en devoit couter qu'un membre retranché,
Passe ; on en seroit quitte encore à bon marché,
Et l'on pourroit risquer quelque petite chose.
Mais ce n'est pas un bras seulement qu'on expose,
Un coup d'estramaçon que l'on ne prevoit pas,
Vous fait passer d'un saut de la vie au trépas.

CRISPIN.

N'avoir pas seulement le tems d'être malade,

Je ne vous paſſerois jamais cette incartade ;
Il faut au moins penſer à ſon enterrement.

PANTAXE'S.

Fais-y réflexion, il ne faut ſeulement
Qu'un bout de fer pouſſé de certaine maniere
Pour te faire tomber roide dans la pouſſiere
Et rien que d'y penſer cela me fait trembler.

CRISPIN.

J'en ai ſi grande peur que j'ai peine à parler.
Quand j'y ſonge je crois tomber en défaillance
Et la choſe pourtant vaut bien que l'on y penſe.

PANTAXE'S.

Ne crois pas que l'on puiſſe aiſément éviter
Un coup qu'un ennemi s'apprête à vous porter.

CRISPIN.

Non vraiment, il n'eſt point d'armure ſi parfaite
Qui vous mette à l'abri d'un coup de bayonnette.

PANTAXE'S.

Souvent ſans dire gare, un boulet de canon
Vous fait aller chercher la mort à reculon.

CRISPIN

Ou ſortant d'un fuſil par une autre merveille

La mort vient en ronflant vous passer par
l'oreille.

PANTAXE'S.

Une mine souvent qui part comme un éclair
Vous fait courir après vos deux jambes en
l'air.

CRISPIN.

D'autrefois une bombe en mille éclats
brisée,
Vient vous percer à jour l'étui de la pensée.

PANTAXE'S.

Mille morts au combat volent de toute
part,
Et si l'on en revient ce n'est que pur hasard.

CRISPIN.

Et souvent tel qui croit avoir bravé la lance
A coups de mousquetons se sent cribler la
panse.

PANTAXE'S.

La mort prend l'Officier ainsi que les soldats,
Et n'épargne personne au milieu des combats.

CRISPIN.

A moins que l'on ne mette une bonne cuirasse,
Qui détourne toujours le coup qui nous
menace.
Mais pourquoi faire ici tant de raisonnemens ?
N'a-t-il pas déclaré déja ses sentimens ?

Et ne voyez vous pas qu'il renonce à la guerre ?
Vous lisés dans ses yeux qu'il veut être Antiquaire.

à Valere.

On vous fera, Monsieur, un joli cabinet,
Et l'on n'oubliera rien pour le rendre complet.

PANTAXE'S.

Oui. Mais ce Damoclés tarde bien à se rendre !
Et je commence enfin à me lasser d'attendre.
Je lui viens d'envoyer la Fleche, & je ne sçais
Où peut être resté ce pendart de Laquais.
On est si mal servi que c'est une misere !
Vas y, Crispin, dis lui que s'il n'a rien à faire
Il vienne me parler avant la fin du jour.

CRISPIN.

J'y vole, & dans l'instant je serai de retour.

Il sort pour aller s'habiller en Valet d'Anticaire.

SCENE II.

PANTAXE'S, VALERE.

PANTAXE'S.

MAis d'où peut provenir cette sombre tristesse

Ton visage, mon fils, montre peu d'allegresse.

VALERE.

Ne soyez point surpris si je parois rêveur,
Qui doit être Antiquaire en doit avoir l'humeur.
Je roule en mon esprit quelque nouveau systême.

PANTAXE'S.

Ah! rejette, mon fils, avec un soin extrême,
Tout ce que tu verras sentir la nouveauté,
Et suis toujours en tout la sage Antiquité.
Il faut autant qu'on peut puiser dans les eaux saines,
Et laisser les ruisseaux quand on a les fontaines.
Il te faut mettre bas cette épée au Sçavant
Les armes ne sont pas un ornem ent séant.

VALERE.

Nous nous en defferons.

PANTAXE'S.

Et cet habit de même
Ne sied pas, vois le mien, c'est ainsi que je l'aime.
Et pour te dire ici mon avis sur ce fait,
Je ne sçaurois souffrir qu'un habit qui n'est fait
Que pour couvrir le corps d'une façon commode
Et non pour le gêner, devienne par la mode
Un suplice cruel ; car je ne conçois pas
Comment on peut ainsi se serrer par le bas
Et reduire son ventre en une servitude
Qui me feroit souffrir le tourment le plus rude.
De plus pourquoi ces pans sont-ils des deux côtés
D'un quart de lieue au moins l'un de l'autre écartés ?
Sans doute il nous faudra faire élargir nos portes,
Si tu ne quittes pas les habits que tu portes
Avec le mien au moins je puis passer partout,
C'est là ce qu'on appelle un habit de bon gout,
Et sous lequel tu vois qu'on respire sans peine.
Je n'ai que faire moi d'un habit qui me gêne,
Et qui soit fait ainsi que quand je vais diner
Il faille commencer par me déboutonner.

Rien est-il plus gênant qu'un habit de la
sorte ?
Il t'en faut un pareil à celui que je porte.
Il est d'un goût parfait. On en portoit ainsi,
Du tems du Roi Longo. La Fléche, ah !
te voici.

SCENE III.

PANTAXE'S, VALERE, LA FLECHE.

PANTAXE'S.

EH bien ! ce Damoclés ne vient point, & toi même
Je te trouve toujours d'une lenteur extrême.

LA FLECHE.

Quoi Damoclés, Monsieur, n'est pas encore venu ?
Quel sujet peut l'avoir si longtems retenu ?
Je l'ai trouvé chez lui les deux yeux sur un livre,
Il m'a dit de venir, & qu'il alloit me suivre.
C'est se moquer des gens de les traiter ainsi.
Je vais y retourner pour lui....

PANTAXE'S.

Non, reste ici.

LA FLECHE.

De grace permettez pour voir ce qui l'oblige
A tarder si longtems.

PANTAXE'S.

Non, reste ici, te dis-je,
Il est une autre chose où je veux t'employer.
Il faut que sur le champ tu m'ailles nétoyer
Le reste précieux de l'urne sépulchrale
Qui renfermoit les os du vainqueur de Pharsale.

LA FLECHE.

Ce fer que l'autre jour ici l'on apporta.

PANTAXE'S.

Cela même.

LA FLECHE.

Eh! Monsieur, que faire de cela?
C'est le reste honteux d'une marmite usée.

PANTAXE'S.

Bon, autre impertinent. Apprens tête insensée
Que c'est un monument rencontré par hasard,
Qui renfermoit jadis les cendres de César.

LA FLECHE.

Les cendres de César, & quel étoit cet homme?

PANTAXE'S.

Celui qui le premier fut Empereur de Rome
Qui vainquit Scipion, Pompée & les Gaulois,
Et força l'Univers à recevoir ses loix.

LA FLECHE.

C'étoit un rude gars que cet homme: & vous dites
Qu'on faisoit reposer ses os dans des marmites.

PANTAXE'S.

Dans une urne, butord, parle mieux s'il te plait.

LA FLECHE.

Urne, si vous voulez, mais toute urne qu'elle est
Il s'en est peu fallu que je ne la jettasse.
Au moins si c'en étoit une neuve, encore passe.
Mais....

PANTAXE'S.

Apprens, ignorant, que son antiquité
Fait parmi les Sçavans toute sa rareté.
Oui, je renoncerois jusqu'à ma nourriture,
Si je ne croyois pas qu'elle fut la pature
Des peuples qui vivoient du tems du vieux Solon.

LA FLECHE.

Comment, quand vous mangés un poulet, un pigeon,
Ce pigeon, ce poulet, à vous entendre dire

Avoient été mangés autrefois ? c'eſt pour
rire,
Que vous dites cela.

PANTAXE'S.

Non. C'eſt la verité,
C'eſt un fait dont jamais perſonne n'a douté;
Et voici comme en peu cette choſe s'explique.
Ecoute bien, tu ſçais quelque peu de Phyſique.

LA FLECHE.

Oui, l'ortographe encor.

PANTAXE'S.

Suis mon raiſonnement,
Et je te ferai voir la choſe clairement.
Parle, à mes queſtions, il faut que l'on réponde :
Qu'étoit-ce qu'un poulet avant qu'il fut au monde ?

LA FLECHE.

C'étoit... c'étoit un œuf.

PANTAXE'S.

Bon. Et cet œuf, dis-moi,
Avant que c'en fut un, qu'étoit-ce ?

LA FLECHE.

Oh ! par ma foi
Vous m'en demandez trop, je garde le ſilence,

PANTAXE'S.

De la poule c'étoit le ſang & la ſubſtance.
Qu'étoit-ce que ce ſang ? Encore

LA FLECHE.

Encore.

PANTAXE'S.

Du Froment.
Et ce Froment, c'étoit de la terre.

LA FLECHE.

Comment
Les Gens du tems passé se nourrissoient de terre ?

PANTAXE'S.

Non, mais l'on peut juger par le cours ordinaire,
Qui fait que tout se meut vers sa destruction,
Que cette terre étoit un poulet, un pigeon,
Ou bien quelque animal approchant.

LA FLECHE.

De maniere
Que lorsque je me trouve auprès d'un cimetiere,
Que je vois par le vent des arbres agités,
Je croirai que ce sont des morts ressuscités?
Tenez, je n'ai point lû dans la philosophie,
Et ce n'est qu'à mes yeux, Monsieur, que je me fie :
Je ne veux pas chercher à m'ôter l'apétit
En allant follement me mettre dans l'esprit
Que tout ce que je mange étoit peut-être un reste
Du cadavre d'un homme attaqué de la Peste.

N'avons-nous pas assez de sujets de dégoût,
Sans en vouloir encore aller chercher partout !
L'autre jour, puisqu'il faut le dire, ah, quand j'y pense,
Je sens mon cœur encor tomber en défaillance ;
L'autre jour en mangeant mon potage, j'y vis
Une araignée, ah, ciel ! à l'instant je sentis
Que mon corps devenoit aussi froid que la glace,
Et je serois, je crois, resté mort sur la place,
Si je n'avois rendu, révérence parler,
Tout ce qu'en ce moment je venois d'avaler.

PANTAXE'S.

Sors-moi vîte d'ici ; voyez quelle insolence ;
Il veut faire, je crois, l'homme de conséquence
Et toi demeure ici, mon fils, en attendant
Que vienne Damoclés, je sors pour un instant.

SCENE IV.

VALERE, *seul.*

JE sens à le tromper une secrette peine;
Mais ce n'est pas ma faute, après tout, c'est la sienne.
Pourquoi me force-t'il à ce déguisement?
Je serois avec lui plus franc assurément,
Si lui-même envers moi se montroit moins sévere:
Mais toujours à mes vœux, s'il veut être contraire,
Et si, par ma franchise & ma sincérité,
J'aigris de plus en plus, son esprit irrité,
La feinte assurément en ce cas est permise,
Et ce n'est pas un mal de manquer de franchise.
Mais voici Polémarque; il vient fort à propos,
Et nous allons finir notre affaire en deux mots.

SCENE V.

POLEMARQUE, VALERE.

VOus voyez que je ſuis fidéle à ma promeſſe,
Je viens ....

VALERE.

C'eſt un effet de votre politeſſe,
Monſieur, votre ſanté va bien ?

POLEMARQUE.

Oui grace à Dieu.
Mais je vous trouve bien ſolitaire en ce lieu,
Où donc eſt Pantaxés ? Le bon-homme travaille ;
Sans doute à déchifrer le coin d'une Médaille.

VALERE.

C'eſt-là du moins ſouvent ſon occupation.

POLEMARQUE.

Vous n'avez pas, je crois, la même affection
Pour ce genre d'étude ? Et vous êtes fort ſage ;
Ce n'eſt point-là le fait d'un homme de votre âge.

Nous étions votre pere & moi du même
tems ;
Mais nous avions tous deux des gouts
bien diférens ,
Tout jeune qu'il étoit , il déclamoit
sans cesse
Contre les mœurs du tems & contre la
jeunesse ,
La mode étoit sur-tout en butte à tous
ses traits ,
Elle avoit beau changer , il ne changeoit
jamais ,
Il étoit là-dessus d'une rigueur extrême :
Les Habits , disoit-il, que portoient nos
Ayeux
Sont les habillemens les plus chers à mes
yeux ,
Pour m'en faire un semblable au Tailleur
mercenaire
J'offre inutilement un quadruple salaire.
Le Marchand ne vend plus ces Boutons
renforcés
Que deux siecles entiers ne voyoient
point usés ,
Mon Chapelier gagé par les plus grosses
sommes
Ne peut plus retrouver l'art d'agrandir
les hommes ,
Et je me vois contraint helas ! pour mon
ennui ,
D'être presque vétû comme on l'est au-
jourd'hui

Mais adieu, cher Valere, il faut que
je vous quitte,
Je dois encore ailleurs faire une autre
visite.

Voyant que Valere veut le reconduire.

Eh bien que faites-vous ? Ne venez pas
plus loin,
Ce sont toutes façons dont je n'ai pas
besoin.

VALERE.

Souffrez du moins que je ....

POLEMARQUE.

Non restez-là, vous-dis-je.

VALERE.

De grace, permettez ....

POLEMARQUE.

Ah ! voila qui m'afflige ;

VALERE.

Je ne souffrirai pas....

POLEMARQUE.

Ah ! vous me chagrinés,
Demeurés.

VALERE.

J'obéis puisque vous l'ordonnés.

SCENE VI.

VALERE, CRISPIN.

VALERE, *avant que Crispin paroisse.*

DIx mille francs, dit-il, la somme est un peu forte
Et je n'aurois pas dû m'engager de la sorte,
Jusques à lui promettre un Billet de sa main.

CRISPIN, *déguisé en Marchand d'Anticailles, en Guêtres & en Perruque à Cadenette, ayant une Cassette pendue devant lui.*

Bonjour, Monsieur, bonjour, qu'est-ce? Je suis Crispin,
Vous êtes bien surpris : est-ce que mon visage
Vous seroit inconnu?

VALERE.

Non: mais cet Equipage
A ne te point mentir me surprend grandement,

Et je ne conçois rien dans cet accoutrement.
Voyons, explique moi ce que tu prétends faire.

CRISPIN.

Je vais vous éclaircir en bref tout le mystere.
J'ai ci-dedans, Monsieur, des meubles à foison,
Que j'avois ramassés par toute la maison,
Et sous l'habillement d'un Valet d'Anticaire
Je les vendrai fort cher à Monsieur votre Pere,
Il est, vous le sçavez, facile à décevoir,
Si j'en crois mon instinct, pas plus tard que ce soir
Nous aurons de l'argent.

VALERE.

La ruse est à miracle!
Une chose pourtant y peut être un obstacle,
C'est que tu ne sçais pas certain jargon sçavant....

CRISPIN.

N'ai-je pas entendu votre Pere souvent
Vous faire des leçons que nous n'écoutions guere;
Mais il m'en reste assés pour me tirer d'affaire,

Et d'ailleurs Damoclés est venu ce matin,
J'ai, je crois, assés bien retenu son latin,
Il n'en coute pas tant pour passer pour habile,
Quelque trait d'Archias, de Ciceron, d'Achile,
C'est bien plus qu'il n'en faut pour sortir d'embaras.

VALERE.

Je ne sçais cependant si tu réussiras ;
Car enfin il nous faut dix mille francs.

CRISPIN.

Dix mille !

VALERE.

Tout autant.

CRISPIN.

C'est beaucoup : mais la chose est facile
Pourvu que votre Pere ait de l'argent comptant.

VALERE.

Un Billet de sa main suffit à présent.

CRISPIN.

Oui : oh ! nous le tenons ? Vous faut-il d'avantage ?

VALERE.

Eh ! n'est-ce pas assez ?

CRISPIN.

Et pour votre voyage
Il vous faut un Cheval.

VALERE.

Sans doute.

CRISPIN.

Un autre à moi.

VALERE.

Oh !

CRISPIN.

Vous ne voulez pas que j'aille à pied, je crois.

VALERE.

Fais donc.

CRISPIN.

Il faut traiter Meſſieurs les Capitaines ;

VALERE.

Oh ! Je le prétends bien !

CRISPIN.

Et de plus pour mes peines
Pour avoir réuſſi dans ma commiſſion,
Il me faudra, Monſieur, ma rétribution.

VALERE.

Mais jamais tu n'auras tout l'argent néceſſaire ?

CRISPIN.

Repoſez vous ſur moi de toute cette affaire,
Et dites ſeulement combien il faut en tout.

VALERE.

C'eſt à toi de regler la choſe juſqu'au bout.

CRISPIN, *Compte sur ses doigts.*

D'abord dix-mille francs pour cette Compagnie, ...
Pour traiter ses Amis, les Bals, la Comédie, ...
Il nous faut pour le moins compter sur mille francs ....
Mille pour les Chevaux, ... de plus pour moi trois cent, ...
Cela fait douze mille & trois cent francs, je pense,
Et comme on peut encor faire d'autre dépense
Que l'on ne prévoit pas, il nous faut un Billet
De quinze mille francs. C'est un nombre complet.
Ecoutez maintenant ce que vous devez faire,
Votre présence ici peut m'être nécessaire,
Ne vous éloignez pas, mettez vous dans le coin
Jusqu'à ce que de vous je puisse avoir besoin.

SCENE VII.

PANTAXE'S, CRISPIN, & VALERE, *caché derriere une Scene.*

CRISPIN.

ALlons ferme, Crispin, compose ton visage.
Hola, quelqu'un, hola ! nul ne vient, ah ! j'enrage ?
Hola vite quelqu'un. *A Valere.* Ne sortez pas d'ici,
J'aurai besoin de vous.

PANTAXE'S.

Que veut cet homme-ci ?

CRISPIN.

Est-ce là le Seigneur Pantaxès ?

PANTAXE'S.

Oui, lui-même.

CRISPIN.

Ah ! Monsieur, de vous voir mon plaisir est extrême,
Vous dont le nom fameux si connu des Sçavans

Doit être réveré des petits & des grands.

PANTAXE'S.

Laiſſons les complimens & la cérémonie,
Les Anciens jamais n'eurent cette manie.
Vous êtes Damoclés ?

CRISPIN.

C'eſt pour moi trop d'honneur,
Je ſuis Occophilaſé, ſon humble serviteur.
Le Docte Damoclés, mon Seigneur & mon Maître
Qui brûle du deſir, Monſieur de vous connoître,
Lui-même pour vous voir ici ſeroit venû,
Si la fiévre chez lui ne l'avoit retenu.
Mais je viens de ſa part, & j'ai dans une caſſette
Les pieces dont on dit que vous ferez emplette.

PANTAXE'S.

Mais de ces choſes-là ſçavez vous la valeur ?

CRISPIN.

Comment ſi je la ſçais, je ne crois pas Monſieur,
Qu'on en trouve un pareil à cent mille à la ronde,
J'ai parcourru trois fois les quatre

coins du monde,
J'ai pénétré par tout, & j'ai vû de mes
yeux
Tout ce que l'univers a de plus curieux.
Par exemple, j'ai vû .... les Sépulchres Antiques ....
L'Egypte .... en Italie .... & les
jeux olimpiques ....
La France .... dans la Grece ....
Et .... sur un Médaillon
Néron .... crû voir la bouche & les
yeux d'Illion ....
Tandis que de Priam .... ce Roy ....
du bas Empire ....
On voit si bien les traits, qu'on diroit
qu'il respire,
(*bas*)
Tu t'égares, Crispin, ... Achile se
dit-on ....
Cet homme si sçavant .... comme dit
Ciceron ....
Ce qui fit .... qu'Archias .... à
l'aspect d'une armure ....
Lui fit prendre un laurier pour sa coëffure, ...
Car c'étoit un Héros qui ne manquoit
à rien ....
Je ne sçais pas, Monsieur, si je m'explique bien.

PANTAXE'S.

Fort bien! examinons un peu cette
cassette,

Pour mieux considérer j'ai besoin de lunette.

PANTAXE'S, *se place derriere Crispin, qui tient sa cassette panchée devant lui, & regardant par dessus l'épaule de Crispin, ce qu'il y a dans la cassette, il s'écrie en élevant les deux mains à la hauteur de sa tête.*

Que je me trouve ici dans des siécles heureux,
Athene, Sparte, Argos, paroissent à mes yeux,
D'un soulier dans ce coin je crois voir la figure.

CRISPIN.

D'Empedocle, c'étoit autrefois la chaussure,
Un jour qu'il vouloit voir le Lac du Mont-Ethna,
Il s'avança trop près, le bon-homme y resta,
Au pied de la Montagne il laissa cette mule.

PANTAXE'S.

Il est vrai le bon-homme étoit un peu crédule
D'aller s'imaginer .... mais je vois des papiers
Qui tous en un paquet avec soin sont liés.

Qu'eſt-ce ?

CRISPIN, *tirant de ſa caſſette un paquet de papiers liés enſemble.*

C'eſt un amas de differentes pieces
Qui contiennent des faits de toutes les eſpeces,
Et qu'on ne trouve plus dans aucun Manuſcrit,
Je les ai ramaſſés dans differens pays,

Il en détache un du paquet.

Voici le contenu d'une ligue ſecrette
Qu'avec les Viſigots, les Bourguignons ont faite.

PANTAXE'S.

En quelle Langue eſt-elle ?

CRISPIN.

On l'a faite en Hébreu
Pour ceux qui n'entendoient pas bien le Latin.

PANTAXE'S.

Parbleu
Il faudroit être Juif pour l'entendre/je penſe :
Qu'eſt-ce encor que cela ?

CRISPIN.

Monſieur, c'eſt l'Ordonnance
Qu'écrivoit pour Pyrrus, ſon premier Médecin
Lorſqu'il étoit malade.

PANTAXE'S.

Et ce vieux parchemin ?

CRISPIN.

C'eſt la Lettre qu'écrit la belle Magdelonne
A Pierre de Provence, au Camp devant Crémone.

PANTAXE'S.

Ceci ?

CRISPIN.

C'eſt un acquit d'un Roulier Tyrien,
Qui voituroit le vin d'un Marchand Rhodien.

PANTAXE'S.

Celui-ci ?

CRISPIN.

Quand Enée eût quitté ſa patrie
Sa femme Creüſa fit une Lotterie
Des Meubles qui reſtoient ; ce Billet-là, dit-on,
Contenoit le gros lot.

PANTAXE'S.

Qu'étoit-ce ?

CRISPIN.

Un guéridon,
Avec deux grands rideaux d'un lit à la Ducheſſe.

PANTAXE'S.

Cela ?

CRISPIN.

C'eſt un Arrêt du Sénat de la Gréce
Qu'on nomme Aréopage.

PANTAXE'S.

Et sçait-on le sujet,
Sur lequel ce Sénat a porté cet Arrêt ?

CRISPIN.

Il condamme à l'amende un Bourgeois de Larisse
Pour n'avoir pas voulu tirer à la Milice.

PANTAXE'S.

La piece est curieuse & date de fort loin.
Que veut dire cela que je vois dans ce coin ?

CRISPIN.

La Lanterne qu'avoit autrefois Diogene
Lorsqu'il cherchoit un homme en la Place d'Athene.

PANTAXE'S, *prenant en main la Lanterne.*

Précieux monument, riche & rare morceau !
J'ai dans mon Cabinet un Cercle du Tonneau,
Dans lequel autrefois habitoit ce grand homme.

CRISPIN, *tenant une petite boëte où il y a quelques bois qu'il fait sonner en remuant la boëte.*

J'ai ci-dedans encor trois Pepins de la Pomme,
Qui perdit notre mere & tous ses descendans.

PANTAXE'S.

Ils doivent être aussi bien durs depuis le tems.
Je vois un Escargot, le bon Dieu me pardonne.
Expliquez-moi ceci ; cet Escargot m'étonne.

CRISPIN.

J'ai vû de ce morceau maint sçavant engoué ;
Cet Escargot étoit dans l'Arche de Noé,
Lorsque le genre humain périt par le déluge.

PANTAXE'S.

Le fait est-il bien vrai ?

CRISPIN.

Je vous en fais le juge,
Regardez comme il est tout rongé d'un côté.

PANTAXE'S.

Cet endroit, il est vrai, sent bien l'Antiquité.

CRISPIN.

Par l'effet du parfum dont elle fut imbûe,
La chair de l'animal ne s'est point corrompue.

PANTAXE'S.

Que signifie encor cette dent que voilà.

CRISPIN.

C'eſt la premiere dent qu'Eſculape arracha,
Lorſqu'il fut paſſé maître en fait de Chirurgie.

PANTAXE'S.

A qui l'arracha-t-il ?

CRISPIN.

Au Roi de Béotie
Ce Prince qui vivoit à peu près de ſon tems
Fut fort ſujet, dit-on, à de grands maux de dents.
Mais je tiens un morceau qui peut en fait d'Antique
Etre conſideré comme une piéce unique.

PANTAXE'S, *voulant mettre la main deſſus.*

Qu'eſt-ce donc.

CRISPIN.

Ah ! Monſieur, ce morceau non ſuſpect,
Je vous le dis d'abord, mérite du reſpect.
Vous avez bien connu le fameux Charlemagne ?

PANTAXE'S.

Qui ne le connoît pas ?

CRISPIN.

Eh bien, dans l'Allemagne,

Chez un grand connoiſſeur dont j'ignore le nom,
C'eſt un homme toujours érudit & profond,
Qui ſçait du tems paſſé la plus mince anecdote,
J'ai trouvé par haſard le talon d'une botte,
Jadis appartenante à ce grand Empereur.
Qu'en dites-vous, Monſieur ?

PANTAXE'S.

C'eſt un fort grand bonheur.
Une difficulté cependant me chagrine :
C'eſt qu'on n'avoit alors ni botte ni botine.

CRISPIN.

On n'avoit point alors la botte d'apréſent,
D'accord. Mais l'on avoit du moins l'équivalent.

Ici Criſpin fait ſemblant de cacher quelque choſe qu'il n'a pas envie que Pantaxés apperçoive.

PANTAXE'S.

Mais que me cachez-vous avec tant de vîteſſe ?
Mes yeux ont découvert ce petit tour d'adreſſe.
Montrez-moi....

CRISPIN.

Ce n'eſt rien.

PANTAXE'S.

Montrez-le moi, je veux.....

CRISPIN.

Ce n'eſt rien, vous dit-on.

PANTAXE'S.

J'en dois croire à mes yeux,
Parbleu j'ai découvert un anneau, pourquoi faire
Vouloir me le celer ?

CRISPIN.

Ce coup me déſeſpere,
Et je vois mon ſecret s'en aller à vau-l'eau.
Ce que vous avez vû, Monſieur, c'étoit l'anneau
De ce Roi de Lydie...... Hélas ! que ma mémoire
Eſt ingrate aujourd'hui ! De ce Roi.... dont l'hiſtoire....

PANTAXE'S.

Ciel, que me dites-vous ? quoi, cet anneau ſeroit
La bague qu'autrefois Gygès avoit au doigt ?
Anneau miraculeux, dont la vertu ſenſible
Fait diſparoître un homme & le rend inviſible ?

CRISPIN.

Vous connoiſſez auſſi ſa vertu?

PANTAXE'S.

Ciceron
Aux livres des devoirs en a fait mention.
Au dedans de la main Gygès tournant la pierre
Paroiſſoit tout d'un coup ſouſtrait à la lumiere,
Et s'il la retournoit en dehors de la main
Il devenoit viſible & paroiſſoit ſoudain.

CRISPIN.

Elle conſerve encor cette vertu divine.

PANTAXE'S.

Montrez-là moi, de grace, & que je l'examine.
Anneau miraculeux de tout tems ſi vanté!
Je vois revivre en toi toute l'Antiquité.
Dans quelle main faut-il, s'il vous plaît, qu'on le porte?

CRISPIN.

Tout comme vous voudrez.

PANTAXE'S.

Dans quel doigt.

CRISPIN.

Il n'importe.

PANTAXE'S, *met l'anneau à son doigt.*

Eh bien, me voyez-vous.

CRISPIN *regarde si le chaton est retourné.*

Retournez le chaton.

Après que Pantaxés l'a retourné, Crispin continue.

Qu'êtes-vous devenu ?

PANTAXE'S.

Vous ne me voyez pas ?

CRISPIN.

Non.

PANTAXE'S *change de place & va à l'autre extrémité du Théatre sur la pointe de ses pieds, & au côté opposé à celui où est Crispin.*

Voyez-vous bien l'endroit où je suis à cette heure ?

CRISPIN *se tournant toujours du côté d'où part la voix.*

J'entens bien votre voix.

PANTAXE'S.

Et mon corps....

CRISPIN.

Que je meure

Si j'en vois seulement un atôme.

PANTAXE'S

PANTAXE'S *change encore de place & va à l'autre extrêmité du Théatre après avoir dit ces paroles avancés, &c.*

Avancés,
Venez à moi tout droit.

CRISPIN *faisant toujours semblant de ne pas voir Pantaxés va où il entend la voix.*

Oh! vous vous déplacez.

PANTAXE'S *retourne dans sa premiere place à l'autre extrêmité après avoir dit,* revenez.

Revenez.

CRISPIN *ne le trouvant point où il l'avoit entendu parler.*

Si toujours vous faites de la sorte
Je ne......

PANTAXE'S *retire la bague & la tient à la main en la regardant avec admiration.*

Divin anneau ta vertu me transporte.
Il la présente à Crispin.
Mettez-la maintenant pour que je puisse voir......
Mais non, je puis d'ailleurs connoître son pouvoir.

Je vois venir quelqu'un, c'eſt mon fils
qui s'avance,
Cachez-vous ſeulement avecque diligence,
Je tourne le chaton, ſi je ne ſuis point
vû,
Je croirai que l'anneau conſerve ſa
vertu. *Criſpin ſe cache derriere une Scene.*

VALERE.

Où mon pere eſt-il donc ? ſi j'en crois
à ma vûe,
Dans cet appartement je l'ai vû de la
rue,
Qui parloit, ce me ſemble, avec un
inconnu,
Comment peut-il avoir ſi vîte diſparu ?
Voilà qui me ſurprend d'une façon terrible,
Car on ne devient point tout d'un coup
inviſible,
Je ſuis pourtant bien ſûr que je viens
de le voir
Mes yeux juſqu'à ce point n'ont pû me
décevoir,
Peut-être eſt-il entré dans la chambre
voiſine. *Il ſort.*

PANTAXE'S *retire ſa bague comme la premiere fois.*

Voilà, je vous l'avoue, une bague divine.

Combien la faites vous ?

CRISPIN.

La bague eſt hors de prix.

PANTAXE'S.

Encor, quel eſt celui que Damocles a mis ?

CRISPIN.

Je n'avois pas d'abord réſolu de la vendre,
Mais puiſque j'ai tant fait de me laiſſer ſurprendre,
Je vous la laiſſerai pour dix-huit mille francs.

PANTAXE'S.

Dix-huit mille, vraiment ! Vous vous mocquez des gens :
J'en donne treize, & c'eſt ſa valeur intrinſeque.

CRISPIN.

Si vous voulez encor en mettre trois avecque,
Je vous livre, Monſieur, tout ceci par-deſſus.

PANTAXE'S.

J'en donne quinze mille, & pas un ſol de plus.

CRISPIN.

Avez-vous-là l'argent ?

PANTAXE'S.

Non, mais je me figure
Qu'un billet de ma main avec ma ſignature

Vous tranquilisera.

CRISPIN.

J'aurai donc cet argent.....

PANTAXE'S.

Dans dix jours au plus tard, peut-être même avant.

CRISPIN *donnant l'anneau & mettant sa cassette sur la table.*

Ah! c'est bien malgré moi que je vous l'abandonne.

PANTAXE'S *va auprès de la table écrire le billet.*

Ecrivons le billet, qui vous le cautionne.

Tenant la plume à la main & regardant Crispin.

Quatorze mille francs, non pas?

CRISPIN.

Quinze, Monsieur.

PANTAXE'S.

C'est trop!

CRISPIN.

Oh! je romprai le marché de bon cœur.

PANTAXE'S.

Mettons quinze. *Il écrit.* Je... dois.... à... Da...mo...clés.. la... somme...

CRISPIN.

Ah! Damoclés, Monsieur, ne veut pas qu'on le nomme,

Il veut être inconnu, mais marquez, s'il vous plait,

Je livrerai l'argent au porteur du billet.

PANTAXE'S.

Encor faut-il sçavoir avec qui je m'engage.

CRISPIN.

Ah ! si vous connoissiez, Monsieur. le personnage
Vous verriez....

PANTAXE'S.

Je le crois, mais enfin.

CRISPIN.

Mais enfin
Si vous ne voulez pas, rendez-moi mon butin.
Aussi bien, voyez-vous, si c'étoit à refaire
Je ne le voudrois plus.

PANTAXE'S *bas.*

Il faut le satisfaire.

A Crispin.

Je vois bien qu'il me faut faire ce qu'il vous plaît.

Il écrit.

Je... don..ne...rai l'argent... au... por... teur... du... billet.

Il donne le billet à Crispin.

Voilà les propres mots que vous m'avez fait mettre.

CRISPIN *prend le billet & le regarde.*

Cela suffit, Monsieur, je vais trouver mon maître.

Pour lui remettre en main votre billet.

PANTAXE'S.

Adieu,
Je pourrois bien auſſi l'aller trouver dans peu.

SCENE VIII.

PANTAXE'S ſeul, *tenant en main ſon anneau.*

JE le tiens pour le coup, & je ne ſuis pas homme
A le lâcher jamais pour une triple ſomme.
Quel plaiſir ſi quelqu'un venoit préſentement
Se préſenter à moi dans cet appartement !
Pour rendre le prodige à ſes yeux plus ſenſible
J'aurois grand ſoin d'abord de me rendre viſible ;
Puis tournant de l'anneau tout d'un coup le chaton,
Je le ferois de peur pâmer comme un Oiſon.

Ah ! ah ! Cela me fait déja rire d'a-
vance.
Et je ſuis maintenant dans une impa-
tience
De rencontrer quelqu'un, que je ne
puis cacher,
Et s'ils ne viennent pas je m'en vais les
chercher.

ACTE III.

SCENE I.

VALERE, CRISPIN.

VALERE.

OUi, le tout s'eſt paſſé d'une telle maniere,
Que je ſuis, grace à Dieu, maintenant hors d'affaire.

CRISPIN.

Et qu'a dit Polemarque en voyant cet écrit ?

VALERE.

Il m'a paru d'abord comme un homme interdit.
Je trouve ce billet aſſez extraordinaire,
M'a-t-il dit, car enfin, d'où vient que votre pere

Met quinze mille francs pour dix ? Et puis, d'où vient
Qu'il ne met pas à qui ce billet appartient ?
Le nom du créancier communément s'annonce.

CRISPIN.

Qu'avez-vous répondu ?

VALERE.

J'ai fait double réponse.

CRISPIN.

Une bonne eût suffit.

VALERE.

D'abord quant à son nom,
Dont le susdit billet ne fait pas mention,
J'ai dit que Pantaxés par un trait de folie
Ne vouloit point parler de cette Compagnie
De peur que dans le monde on ne se vit porté
A croire qu'à la prendre il m'avoit exhorté,
Et que n'en parlant pas il étoit nécessaire
De supprimer son nom pour mieux cacher l'affaire.
Voilà donc la premiere... Et quant à l'excédent
J'ai dit que Pantaxés se trouvant court d'argent

Le prioit d'ajouter le reste de la somme.
Qu'il lui rembourseroit au plutôt.

CRISPIN.

L'habile homme !
Je n'aurois pas mieux fait cette commission.
Vous avez le billet de sa démission ?

VALERE.

Et les cinq mille francs qui plus est.

CRISPIN.

Bonne affaire,
Voilà ce que vous vaut mon petit sçavoir faire.
Sans moi vous étiez frit.

VALERE.

Oui, mais tu m'avoueras
Que j'ai sçu te tirer d'un terrible embarras,
Lorsqu'il te présentoit la bague pour la mettre.
Si j'avois differé quelque tems à paroître,
Dis-moi, qu'aurois-tu fait ?

CRISPIN.

Eh ! c'étoit pour cela.
Que je vous avois dit, Monsieur, de rester là.

VALERE.

Il faut donc t'en laisser la gloire toute entiere.

CRISPIN.

Oui, mais je crains bien fort d'avoir
pour mon ſalaire
Quelques coups de bâton appliquez ſur
ma peau.
Je les ſentois venir en vendant cet anneau,
Ils paroiſſoient ſortir d'un ſiniſtre
nuage,
Tout comme on voit tomber la grêle
en un orage,
Et cauſoient dans mon corps certain
frémiſſement...

VALERE.

Nous n'avons qu'à partir pour notre
Régiment
Si tu crains.

CRISPIN.

Oui, Monſieur, & partir ſans rien
dire.

VALERE.

Mais voici Pantaxés, adieu, je me
retire,
Pour toi, tâche de voir la piece juſqu'au bout,
Et quand tu la ſçauras tu m'inſtruiras de
tout.

SCENE II.

PANTAXE'S seul.

DEpuis que j'ai l'anneau je ne vois plus personne,
Je crois que tout le monde à présent m'abandonne.
Quand je veux pour l'étude être un peu retiré
D'une foule de gens je me vois entouré,
Maintenant que je fais exactement la ronde
De mes appartemens pour rencontrer du monde,
Il ne s'offriroit pas un seul homme à mes yeux.
Ta vertu cependant anneau miraculeux
Souffre de demeurer long-temps sans exercice.
Tout ainsi qu'un Athlete avant d'entrer en lice,
Quand il voit sans raison differer le combat.

Il

Il s'irrite, il s'emporte, il crie, il se débat.
De même ta vertu souffre de ne rien faire.
Que l'on sera surpris d'une étrange maniere
Quand des gens qui croyoient n'être pas entendus
Verront que jusqu'à moi leurs discours sont venus.
Mais la Fleche paroît, tournons vîte la pierre,
Et voyons ce qu'il a dans l'ame le compere.

SCENE III.

PANTAXE'S, LA FLECHE.

LA FLECHE.

JE me suis acquitté de ma commission,
Monsieur.

PANTAXE'S *à part.*

J'ai cependant retourné le chaton.

LA FLECHE.

Mais qu'eſt-ce, il ne dit mot, ce ſilence m'étonne.
Il eſt ſourd que je crois, le bon Dieu me pardonne.

Il crie plus haut.

Je viens d'exécuter ce que vous m'aviez dit.
C'eſt un charme de voir comme l'urne reluit.

PANTAXE'S *à part.*

Eſſayons l'autre doigt.

LA FLECHE *crie encore plus haut.*

Claire, nette & luiſante,
Vous dit-on. Eh! Parbleu, la choſe eſt étonnante
Que je ne puiſſe pas faire entendre ma voix?
Je parlerai ſi haut pour la quatriéme fois,
Qu'il m'entendra, duſſai-je attirer ſa colere.
Monſieur, Monſieur, Monſieur votre urne eſt nette & claire
Comme un chryſtal, Monſieur, ne m'entendez-vous pas?

PANTAXE'S.

As-tu vû le Valet de Damoclés là-bas?

LA FLECHE.

Ni lui, ni ſon Valet, ni ce qui l'environne,
Je ne ſuis point ſorti, ni je n'ai vû perſonne.

PANTAXE'S.

Et de qui ſçais-tu donc que je ſuis en ces lieux?

LA FLECHE.

Il ne faut pour vous voir, Monſieur, qu'avoir des yeux.

PANTAXE'S.

Tu me vois donc?

LA FLECHE.

Comment, ſi je vous vois? ſans doute.
Voudriez-vous, Monſieur, que je ne viſſe goute?

PANTAXE'S.

Mais....

LA FLECHE.

Si ce n'eſt pas vous, je n'y connois plus rien,
C'eſt un autre. Du moins qui vous reſſemble bien.

PANTAXE'S.

Il faut qu'un de nous deux ſurement s'allucine.
Voyons, car c'eſt un point qu'il faut que j'examine.
Apporte-moi ta main.

LA FLECHE.

Que veut dire cela ?

PANTAXE'S.

Oui, ta main pour y mettre un anneau.

LA FLECHE.

La voilà.

Mais avant tout, Monſieur, dites-moi je vous prie

A quoi doit aboutir cette cérémonie ?

PANTAXE'S *mettant l'anneau à un des doigts de la Fleche.*

Ne t'inquiéte point. *Après lui avoir mis la bague :* C'eſt fort bien. *Il s'éloigne de quelques pas.* Maintenant

Tourne en dedans la pierre ; en dedans ignorant.

Il faut te répeter cent fois la même affaire.

LA FLECHE *qui avoit tourné la pierre en dedans lorſque Pantaxès lui avoit dit.*

C'eſt en dedans auſſi que j'ai tourné la pierre.

Voyez.

PANTAXE'S.

Il a raiſon. Ferme à préſent la main.

LA FLECHE *après avoir fermé la main.*

Il veut m'enſorceller, voilà tout ſon
deſſein. *Il retire l'anneau & le rend à Pantaxés.*

PANTAXE'S *ſe voyant enfin trompé.*

Comment donc, on me joue, on m'in-
ſulte, on m'outrage!
Eſt-ce ainſi que l'on traite un homme
de mon âge?
Eſt-ce là le reſpect qu'on a pour un
Sçavant?
Mais je m'en vengerai. Vas, vas, mau-
dit pédant,
Je te ferai ſentir l'effet de ma colere.
Et je vas de ce pas .... Mais où? que
vas-je faire?
A qui m'en prendre, ô Ciel! de quel
ſanglant affront
Par ce fourbe aujourd'hui je vois cou-
vrir mon front!

LA FLECHE.

Quel ſujet tout d'un coup le tranſporte
& l'irrite?
Cette colere-là me paroît bien ſubite.

PANTAXE'S.

Ah! quel ſujet! l'affront eſt des plus
outrageans.
Et jamais a-t-on vû traiter ainſi les
gens!

Les voler, les piller par une fourberie
Qui n'a je ne crois point de pareille en la vie.
Anneau, maudit anneau! Source de mon malheur,
Qui m'enleve aujourd'hui mon bien & mon honneur!
C'est de moi-même aussi que j'ai lieu de me plaindre,
Mon astre me disoit que j'avois tout à craindre,
Quand pour l'anneau fatal je donnois cet écrit.
Mais un charme secret aveugloit mon esprit,
Mais s'il a le billet je puis bien lui répondre
Qu'il n'aura pas l'argent, & je veux le confondre.
Il plaidra peut-être.... Eh! qu'il plaide s'il veut.
Il me fera payer.... Nous verrons s'il le peut.

LA FLECHE.

A tout ce long discours je ne puis rien comprendre.
Quelqu'un vous a fait tort, Monsieur, à vous entendre?

PANTAXE'S.

Et mon Valere étoit de concert avec lui,

Quand de ne me pas voir il feignoit aujourd'hui.
Je connois maintenant son mauvais
caractere,
Mais je sçaurai bientôt éclaircir ce myſ-
tere.

Il apperçoit Damoclés qui entre, & qu'il ne connoit pas. Il vient à peu près dans le même équipage que Crispin.

Bon, n'eſt-ce point encor quelque eſ-
cogrif nouveau,
Qui vient en tapinois nous vendre quelque anneau ?

LA FLECHE.

C'eſt Damoclés, enfin ; il s'eſt bien fait
attendre.

PANTAXE'S.

Ah ! Bon, dans mes filets lui-même
vient ſe rendre.
Et je vais le tancer comme il faut aujourd'hui.

SCENE IV,

PANTAXE'S, DAMOCLE'S, LA FLECHE.

DAMOCLE'S.

EST-ce-là le Seigneur Pantaxés ?

PANTAXE'S.

Oui, c'est lui.

DAMOCLE'S.

Ma joye à ce moment, Monsieur, est incroyable,
Quand je vois Pantaxés, cet homme incomparable,
Dont l'éclatant mérite a fait tant de jaloux.

PANTAXE'S.

Bon homme, vous voyez Pantaxés, dites-vous ?

Il lui montre l'anneau qu'il a au doigt.

J'en suis vraiment surpris. Cependant, eh ! la pierre
Est tourné en dedans, comment se peut-il faire

Que vous puissiez me voir ? Ah ! ah ! vous rougissez,
Vous êtes interdit ; je me tais, c'est assez.
Je vous sauve l'affront d'en ouir d'avantage,
Rendez-moi mon billet, & si vous êtes sage,
Ne vous vantez de rien.

DAMOCLE'S.

Quoi, vous m'avez donné
Un billet ?

PANTAXE'S.

Comme il vient faire l'homme étonné !
Tourne, tourne les yeux sans me faire répondre :

Il lui montre encore l'anneau.

Cet objet suffit-il, traître, pour te confondre.

DAMOCLE'S.

Mais encor une fois, de grace expliquez-vous,
Quel sujet contre moi peut vous mettre en courroux ?
Dans tout ceci, Monsieur, je ne puis rien comprendre.

PANTAXE'S.

Parle, n'avois-tu point de bague à faire vendre ?
Et n'as-tu pas donné cette commission

A ton Occophilax.

DAMOCLE'S.

Occophilax ? ce nom
Ne m'eſt point inconnu, lorſque j'étois en Grece....

PANTAXE'S.

Comme il veut détourner un diſcours qui le preſſe ?
Mais je ſçaurai....

DAMOCLE'S.

Monſieur, finiſſez, s'il vous plait,
Vous parlez d'un anneau, je ne ſçais ce que c'eſt.
Je viens voir ſeulement ſi vous ferez emplette
De quelques marchez que j'ai dans ma caſſette.

PANTAXE'S.

Mais quel autre peut donc m'avoir joué ce tour ?
J'en ſoupçonne Criſpin ; j'entendis l'autre jour
Certain mot en paſſant qui tout au moins me marque
Qu'il n'eſt pas.... Mais que veut toujours ce Polemarque.

SCENE V.

PANTAXE'S, POLEMARQUE, DAMOCLE'S, LA FLECHE.

POLEMARQUE.

Je viens ici, Monsieur, pour la seconde fois.

PANTAXE'S *à part.*

Qu'il y vienne encore une, & puis c'en sera trois.

POLEMARQUE.

Vous sçavez le sujet qui près de vous m'ameine.
Au reste pour l'argent n'en soyez pas en peine,
Je n'en ai pas besoin, Monsieur, présentement;
Valere peut toujours joindre le Régiment
Si vous le trouvez bon.

PANTAXE'S.

Ah! Monsieur, je vous prie;
Ne me parlez jamais de votre Compagnie!

Vous perdez votre tems en discours superflus,
Ni Valere, ni moi, Monsieur, n'en voulons plus.

POLEMARQUE.

Voilà je vous avoue un discours que j'admire.
Pourquoi donc ce billet que vous venez d'écrire?

PANTAXE'S.

Un billet, dites-vous?

POLEMARQUE.

Oui, c'est la caution
Que j'ai reçû de vous pour ma démission.

PANTAXE'S.

Je n'en puis plus douter, la fourberie est claire,
Et ce coup-là me vient du perfide Valere.

POLEMARQUE.

Il m'a de votre part apporté ce billet
Signé de votre main.

PANTAXE'S.

Quel chagrin il me fait?
Le fourbe m'a surpris. Ah! Monsieur, je vous prie,
Rendez-moi mon billet.

POLEMARQUE.

Il a ma Compagnie,
S'il me rend le billet de ma démission,

Et

Et mes cinq mille francs, je le rendrai, ſinon....

SCENE VI.

PANTAXE'S, POLEMARQUE, DAMOCLE'S, CRISPIN, LA FLECHE.

CRISPIN *n'appercevant que Pantaxés.*

OU donc eſt Pantaxés qu'on ne voit plus paraître?
Perſonne ne l'a vû? Je ne ſçais pas....

PANTAXE'S.

Ah! traitre.
C'eſt toi qui me jouois? & d'un air ſéducteur
Tu viens encor ici prolonger mon erreur!
Regarde cet anneau, j'ai retourné la pierre,
Son pouvoir amorti me rend à la lumiere,

Et j'employe par-là l'effet de sa vertu.
Puis donc que tu me vois, pourquoi me cherche-tu ?

LA FLECHE.

Je ne sçais si je dors, je ne sçais si je veille,
Et l'on n'a jamais vû, je crois, chose pareille.
Mais d'où vient parle-t-il toujours de son anneau,
Dis Crispin ?

PANTAXE'S.

Vas, tu n'as qu'à préparer ta peau
A recevoir bientôt les coups qu'on te destine.
Qu'est devenu mon fils ?

CRISPIN *tout tremblant.*

Il est.... je m'imagine....
Peut-être.... je ne l'ai....

PANTAXE'S.

Tu veux dissimuler ?
Réponds, où tu sçauras pendard, à qui parler.

CRISPIN.

Ce qu'il est devenu, Monsieur ?

PANTAXE'S.

Oui, parle vite.

CRISPIN.

Il n'ose plus paroître, & veut prendre la fuite.

PANTAXE'S.

Comment donc, il se cache, il m'évite, il me fuit ?
De tes mauvais conseils, traître, voilà le fruit.
Je te....

CRISPIN.

Vous me feriez une grande injustice
De sa fuite, Monsieur, de me croire complice.
C'est lui qui de lui-même à formé ce projet,
Pour ne point embrasser l'état qui lui déplaît.

PANTAXE'S.

De mes bontés pour lui voilà la récompense.
Et ce que je reçois de sa reconnoissance.
D'un pere comme moi vouloir se séparer,
Et je suis assez bon encor pour en pleurer.
Vas le trouver, Crispin, dis-lui qu'il s'en revienne,
Et que son prompt départ me feroit trop de peine.
Mais non, je ne veux plus qu'il paroisse à mes yeux,
Dis-lui que pour toujours il évite ces lieux.

Puisque de me tromper le traître a l'insolence,
Je ne veux de mes jours le voir en ma présence.
Qu'il aille, s'il le veut, joindre son Régiment.

POLEMARQUE.

De grace, réprimez votre ressentiment.
Votre fils est en faute, il faut le reconnoître,
Mais dans sa faute même il entre plus peut-être
De crainte & de respect que de malignité;
Et quand il veut s'enfuir c'est par timidité.

PANTAXE'S.

Ah! je l'ai trop aimé; déja dès son enfance
Je le gâtois, l'ingrat, par trop de complaisance.
Et je ne sçavois pas que le perfide un jour
Se sauveroit de moi pour prix de mon amour.
Hélas! je sens encor que mon cœur en soupire.

POLEMARQUE.

Vas le trouver, Crispin, de ma part, & lui dire

De venir au plutôt.

PANTAXE'S.

Mais dis-lui bien surtout
Que l'ingrat a poussé ma patience à bout.

SCENE VII.

PANTAXE'S, POLEMARQUE, DAMOCLE'S, LA FLECHE.

POLEMARQUE.

S'Il veut toujours entrer dans l'état Militaire,
Sans doute qu'à présent vous le laisserez faire ?

PANTAXE'S.

J'aurai beaucoup de peine à m'y déterminer ;
Car enfin cet état à bien l'examiner
Est comme vous sçavez un état d'ignorance ;
Or, je voudrois transmettre à mon fils ma science,
Et l'on sçait qu'à la guerre on ne s'en pique point.

POLEMARQUE.

Eh ! de grace, Monſieur, finiſſez ſur ce point ;
Et vous me permettrez, s'il vous plaît, de vous dire,
Avec tout le reſpect que votre nom m'inſpire,
Que ſi de notre état vous connoiſſiez le prix,
Vous n'en parleriez pas avec tant de mépris.
Oui, je puis avancer ici ſans flatterie
Qu'il eſt plus que le vôtre utile à la patrie.
Car enfin, dites-moi, ſi nos fiers ennemis
Venoient le fer en main ravager ce pays ;
Que feroit un Sçavant pour la cauſe publique ?
Le verroit-on s'armer d'une force héroïque.
S'oppoſer aux fureurs du Soldat inhumain
Et ſauver nos Etats les armes à la main ?
Non, non, cédant plutôt à ſa crainte ſubite,
On lui verroit chercher ſon ſalut dans la fuite,
Et laiſſant ſa Patrie en proye à ſon vainqueur,

Loin d'elle il cacheroit sa honte & son
malheur.
Tandis que le Guerrier plein d'un noble courage,
Bravant des ennemis la fureur & la rage,
Eteindroit dans le sang des barbares Soldats.
Les feux dont ils vouloient embraser nos Etats,
Et pour donner enfin la paix à la Patrie,
Il iroit prodiguer & ses biens & sa vie.

PANTAXE'S.

Ce paralelle-là n'a rien en vérité
Qui puisse d'un Sçavant flatter la vanité :
Mais en revanche aussi, si l'on veut vous en croire,
On est dans cet état tout éclatant de gloire.

POLEMARQUE.

Au reste n'allez point taxer de vain discours
Ce qui, même à mes yeux, s'est passé de nos jours,
Quand le fier Cumberland, vint conduire à nos portes
Des Anglois furieux les nombreuses cohortes,

Et qu'avec Konigſeck & l'Etat Hollandois,
Il avoit conjuré la perte des François.
Que fut-il arrivé, ſi pour toute défenſe
Alors nous n'euſſions eû que des Sçavans en France,
Un ſemblable renfort aux champs de Fontenoy
Auroit ſans doute été d'un grand ſecours au Roy ?
Tranquille dans le Port, éloigné de l'orage
Vous qui voulez jouir d'un ſi grand avantage.
A votre fils du moins donnez la liberté
D'aller vous aſſurer cette tranquillité,
A ſes juſtes deſirs ceſſez d'être contraire.

PANTAXE'S.

Vous croyez donc, Monſieur, qu'il eſt né pour la guerre ?

POLEMARQUE.

Je connois là-deſſus ſes diſpoſitions,
Ainſi ne gênez plus ſes inclinations.

PANTAXE'S.

Mais la guerre.....

POLEMARQUE.

La guerre ?

PANTAXE'S.

Eſt trop diſpendieuſe,
Et quand on n'eſt point riche, elle eſt très-onéreuſe.

POLEMARQUE.

Les frais n'en ſeront pas ſi grands que vous penſez,
Et pour les ſoutenir vous êtes riche aſſez.

SCENE VIII.

Les mêmes, CRISPIN & VALERE.

CRISPIN.

VAlere eſt ici près, mais il n'oſe paroitre.

PANTAXE'S.

Il a grande raiſon de ſe cacher, le traître ?
Mais peut-être attend-il que j'aille le chercher.

POLEMARQUE.

Il n'est plus question ici de se fâcher ;
Il reconnoit sa faute, un repentir sincere
Doit lui faire obtenir le pardon qu'il espere,
Et vous, pour prévenir des maux plus grands encor,
Laissez-le maintenant le maître de son sort.

A Valere qu'il apperçoit derriere la Scene.

Valere, paroissez, votre pere l'ordonne.

VALERE *à genoux.*

Mon pere pardonnez.....

PANTAXE'S.

Ah ! que je te pardonne....
Perfide ! tu sens trop ce que tu peux sur moi !
Mais si j'étois moi-même aussi méchant que toi
Je te ferois sentir jusqu'où va ma colere ;
Tu serois meilleur fils, si j'étois moins bon pere.
Mais par un dernier trait d'amour & de bonté
Je t'accorde un pardon sans l'avoir mérité.
Je fais plus, & j'oublie un affront ou toi-même

Je t'ai vû te porter avec un zéle extrême,
Et sans vouloir user ici de tous mes droits
Je te demande encor pour la derniere fois
Si tu veux embrasser le parti de la guerre ?
Réponds-moi hardiment.

POLEMARQUE.

Eh ! qu'est-il nécessaire
De faire répeter ce que vous connoissez,
Il demande à servir, vous le sçavez assez,
Et de tous les états, c'est l'unique qu'il aime.

PANTAXE'S *à Valere.*

Quoi, sans aucun égard à ma tendresse extrême,
Et malgré les bontez que j'eûs toujours pour toi,
Je ne puis t'engager à rester avec moi!
Que vainement, hélas ! je me flattois sans cesse
Que tu serois un jour l'appui de ma vieillesse,
Qu'héritier de mon nom ainsi que de mon bien
Tu ferois mon bonheur, que je ferois le tien,

Et que ſans autre ſoin que celui de me plaire,
Je te verrois marcher ſur les pas de ton pere,
Mais je vois en un jour mes projets renverſez.

VALERE.

Mon pere, s'il eſt vrai que vous me chériſſez,
Et qu'au bonheur d'un fils votre cœur s'intereſſe.
Si pour moi vous avez un reſte de tendreſſe
Si vous voulez, enfin, rendre mon ſort heureux,
Vous ne ſerez donc plus ſi contraire à mes vœux.
Vous n'oppoſerez plus à mon ardeur extrême
Des ordres paternels l'autorité ſuprême,
Ce n'eſt que dans l'état où ſe porte mon cœur,
Que je puis ſurement rencontrer mon bonheur.

PANTAXE'S.

Enfin, s'il eſt donc vrai que c'eſt-là ton envie,
Je ne m'oppoſe plus à ce genre de vie,
Suis ton choix; il n'eſt plus à préſent queſtion

Que

Que de trouver l'argent de la démiſ-
ſion,
Et des cinq mille francs qu'à payer je
m'engage,
Deux mille ſerviront aux frais de ton
voyage.
Je vais auparavant te donner quelque
avis
Qu'un jour tu te ſçauras bon gré d'a-
voir ſuivis.
Propoſe-toi toujours pour modéle &
pour guide
Des Guerriers d'autrefois la conduite
rigide,
Des fameux Aſſyriens les glorieux
exploits,
Et des Perſes vainqueurs du tems des
premiers Rois.
Apprends exactement, & grave en ta
mémoire,
Des Grecs & des Romains la glorieuſe
hiſtoire.
Quand ſur le bord d'un fleuve au mi-
lieu des combats
Tu verras renverſer des milliers de
Soldats,
C'eſt ainſi, diras-tu, qu'on vit l'Ai-
gle Romaine.
Perdre ſes légions au bord du Traſi-
mene,
Et c'eſt encor ainſi qu'aux champs
Béotiens

Sparte vit autrefois périr ses Citoyens ;
Ou que Léonidas auprès des Thermopyles
Rendit du Roi Xerxés les forces inutiles.
Et lorsque l'on fera la guerre sur le Rhin,
Plein d'admiration tu t'écrieras soudain,
C'est ici que César eût jadis l'industrie
De faire faire un pont. Si c'est en Italie,
C'est dans ces défilez, c'est dans ce lieu fatal,
Diras-tu, que l'on vit les troupes d'Annibal,
Quand le grand Fabius plein d'un noble courage
Lui fit reprendre enfin sa route vers Carthage.
On t'exaltera fort les Guerriers de nos jours,
Mais garde-toi, mon fils, d'écouter ces discours ;
Tel qui ne connoît point la bravoure Romaine
Ne voit rien au-dessus de Condé, de Turene :
Un autre te dira que Vendôme & Villars

Ont valu de leur tems eux ſeuls tous les Céſars ;
Que dans l'art d'attaquer & de prendre une place ,
Les Grecs & les Romains n'ont rien qui nous efface :
Que ces Peuples jamais n'ont eu de Général
Qui puiſſe ſur ce point égaler Lovendal.
Qu'il n'eſt point de Rampart , de Château ni de Ville
Qui ne tombe au ſeul nom du Valeureux Belle-iſle :
Que Saxe en douze mois a fait chez les Flamands ,
Ce que n'euſſent point fait les Romains en douze ans.
Que pleins d'ardeur enfin nos François ont ſçu prendre ,
En moins de deux étés tous les Pays de Flandre
Tandis qu'aux fiers Romains il falloit autrefois
Dix ans bien' meſurez pour dompter les Gaulois ,
Mais avons nous jamais renverſé des Carthages.
Et ſi nos Généraux ont eu des avantages ,
Qui d'eux , comme Céſar , peut dire en racourci

Je vins, vis & vainquis. *Veni, vidi, vici.*
Et comme des Romains, dira-t-on que nous autres
Nous ne ſerons jamais vaincus que par les nôtres !
Ah ! que j'aime à penſer à ce beau vers Latin
Qu'on lit dans les écrits du Poëte Lucain,
Qui dit, pour exprimer la puiſſance Romaine,
Que Rome ſeule a pû mettre Rome à la chaine.

VALERE.

Je ferai mon profit de ces ſages avis,
J'en ſens plus que jamais aujourd'hui tout le prix.
Mais oſerois-je encor demander une grace ?

PANTAXE'S.

Oui, demande, il n'eſt rien que pour toi je ne faſſe.

VALERE.

C'eſt que vous accordiez à Criſpin l'agrément
De venir avec moi joindre le Régiment.

CRISPIN *à genoux.*

Ah ! ſouffrez avec lui que je vous en conjure,

Comme aussi de vouloir me pardonner l'injure,
De vous avoir vendu la bague de Gygès.

PANTAXE'S.

Laisse-là cette bague, & leve-toi.

CRISPIN.

Jamais
Je ne l'aurois vendu, si....

PANTAXE'S.

Veux-tu donc te taire?
Je te pardonne, paix.

CRISPIN.

Aussi qu'avois-je à faire
De vous aller tromper en vendant cet anneau.

PANTAXE'S.

Peste soit du bavard! Te tairas-tu Bourreau?

CRISPIN.

Anneau! maudit anneau! Monsieur, mon très-cher maitre
Que je me veux de mal....

PANTAXE'S.

Si tu ne te tais, traître....

CRISPIN.

Vous me pardonnez donc?

PANTAXE'S.

Leve-toi seulement.

A Polemarque.

Vous, Monsieur, vous aurez au plutôt votre argent.
Vous, Monsieur Damoclés, pardonnez la méprise,
Qui m'a fait vous parler avec trop de franchise,
Et voyons si parmi ce que vous apportez
Je puis m'accommoder de quelques raretez.

CRISPIN.

L'affaire heureusement est enfin consommée,
Et je vais m'apprêter à partir pour l'armée.

FIN.

PIECES NOUVELLES.

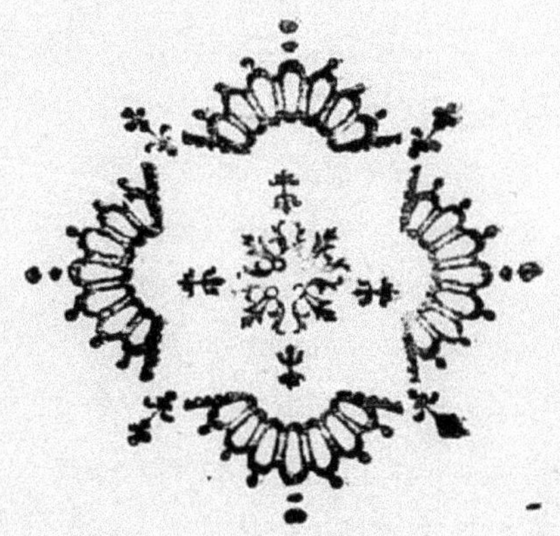

A LONDRES.

M. DCC L.

VERS

*Pour Mesdemoiselles C**** & C***.*

OUI, cessons de ramper dans le sacré vallon,
Du vin de l'Hippocrene à longs traits je veux boire :
Mais, pour monter sur l'Hélicon,
Je n'invoquerai point les filles de Mémoire;
Amour, je célebre ta gloire,
Sois ma Muse, & mon Apollon.
Jadis de tes brûlantes aîles
Tu faisois les pinceaux du tendre Anacréon:
Son cœur étoit épris d'ardeurs toujours nouvelles,
Et sous sa main naissoient de vives étincelles
Qui sembloient enflammer les traits de son crayon.
Enchantés à jamais des images fidelles
Qu'il fait des graces naturelles,
De ces attraits doux & flatteurs,
Qui, pour vaincre les plus rebelles,
De l'Art n'empruntent point les charmes imposteurs,

Nous y reconnoiſſons ces adorables Sœurs,
Dont je veux publier les beautés immortelles,
Et chanter aujourd'hui les talens ſéducteurs,
Qui forment tour à tour les chaînes les plus belles,
Pour captiver les Spectateurs.
Hélas! ſi, pour frapper des tons imitateurs
De ſon goût & de ſon génie,
Il ne falloit que l'harmonie
De tous les ſentimens du plus tendre des cœurs.
Non, ce n'eſt point aſſez, il faut que la Nature,
De l'Aigle impétueux, à l'eſprit donne encor
Le ſublime & rapide eſſor.
Je n'ai pour tout eſprit que l'ardeur la plus pure.
Mais, Amour, guide mon pinceau,
Et de ton coloris anime ce tableau.
Favorable à mes vœux, déja tu fais éclore
Les objets les plus enchanteurs;
Ici, l'enſemble des couleurs
De la jeune & brillante Flore:
La, les nuances de l'Aurore,
Son incomparable fraîcheur,
Qui de ces Lys naiſſans conſerve la blancheur.

Zéphir, pour contenter le feu qui le dévore,
Cueille des baisers précieux,
Sur le sein, la bouche, & les yeux
De C*** & de C****.
Et lorsque d'une aîle badine
Il tâche de les embrasser,
Constant dans sa volage yvresse,
Il les prend pour l'objet de sa vive tendresse;
C'est Flore qu'il croit caresser.
Acheve, Amour, tu dois encore
Et des Ballons, & des Blondis
Peindre les pas les plus hardis.
Mais que dis-je? De Therpsicore
Fais le portrait le plus flatté;
Que les jeux, les ris, & les graces
Donnent un nouveau lustre à sa noble fierté,
Et fassent naître sur ses traces
Les charmes de la nouveauté:
De l'admirable agilité,
Du port, & de la majesté
De ces aimables sœurs, présens de la Nature,
Ce tableau ne sera qu'une foible peinture,
Et l'ombre de la vérité.
Quittons donc nos crayons, puisqu'ils sont peu fideles

Et que tu fais, Amour, d'inutiles efforts,
Pour peindre vivement les attraits de ces
Belles,
Et des talens formés, qu'on voit briller en
elles,
Exprimer les heureux accords.
Que ne m'est-il permis de chanter sur ma
Lyre
Tout ce que ma flamme m'inspire!
Je peindrois beaucoup mieux l'ardeur de
mes transports.

A MADEMOISELLE C....

AIR : *La beauté, la rareté, la curiosité.*

VOs attraits séducteurs effacent de Cy-
prine
La beauté :
On s'écrie, en voyant cette gorge divine,
La rareté!
Peut-on porter plus loin, aimable C....
La curiosité?

AIR : *Le tambour à la portiere.*

AH! que j'aime à vous entendre,
Avec cet accent si doux,
Jurer l'amour le plus tendre,

Ou feindre d'être en courroux :
Un clin d'œil, une parole,
Un geste, un rien plaît de vous ;
Et que C.... folle *
A fait de spectateurs fous.

AIR : *Du haut en bas.*

DE votre Sœur (*)
Vous formez la tendre jeunesse :
De votre Sœur
Le Parterre est adorateur :
C'est vous qu'il applaudit sans cesse,
En louant le goût, la finesse
De votre sœur.

AIR : *Prend, ma Philis, prend ton verre.*

DE la Scene Italienne
Vous faites tous les plaisirs,
Et sur vous chacun promene
Des regards pleins de désirs.
On vous voit dès votre Aurore,
Unir à l'éclat de Flore

* Les folies de C.... Comédie Italienne.

(*) Mademoiselle C...

L'agilité des Zépyhrs.
Quand vous dansés, que de graces !
Vos pas sont des sentimens :
Therpsicore sur vos traces
Imite vos mouvemens.

AIR : *Sçavez vous quelle heure l'heure il est ?*

MInuit sonne, à votre éloge
Mon esprit ne peut plus songer :
Je serois plus fier qu'un Doge,
Si jamais, dans quelque verger,
A votre gentille horloge,
J'entendois l'heure l'heure du Berger.

A LA MESME.

AIR : *Ai, ai, ai, Jeannette.*

RIen n'est plus beau sous les Cieux
Que l'aimable C....
C'est le chef d'œuvre des Dieux,
L'Olympe est son origine ;
Ai,
Ai, ai, C.... :
C.... ai, ai.

On voit briller dans ses yeux
Une lumiere divine ;

Que son rire est gracieux !
Que sa voix est argentine !
Ai, &c.

Quel port plus majestueux,
Et quelle taille plus fine !
Ses charmes victorieux
Rendent jalouse Cyprine ;
Ai, &c.

Ce n'est que dans les beaux lieux
Que sa présence illumine,
Qu'on voit des Ris & des Jeux
La Troupe toujours badine ;
Ai, &c.

Jamais le ton sérieux
Dans ses discours ne domine :
Jamais le front nébuleux ;
Toujours l'humeur enfantine ;
Ai, &c.

Quelquefois d'un air boudeux,
Elle vous fera la mine :
On n'est que plus amoureux,
Quand elle fait la mutine ;
Ai, &c.

Danse-t'elle un pas de deux ;
A la voir chacun devine

Qu'elle danſeroit bien mieux
Le branle qu'on imagine ;
Ai, &c.

Lorſque l'œil trop curieux
Avidement l'examine,
Le cœur exhale les feux
Du vif amour qui le mine ;
Ai, &c.

Qu'un mortel ſeroit heureux!
De pouvoir à la ſourdine,
En dépit des envieux,
Careſſer cette Poupine ;
Ai, &c.

Puiſqu'à ſubir le trépas
L'Arrêt du ſort me deſtine,
Que ce ſoit entre les bras
De l'aimable C....
Ai,
Aï, aï, C....
C.... ai, ai.

A LA MESME.

LE PREMIER JOUR DE MAI.

AIR : *Les Trembleurs.*

EN cè jour * que chacun tremble,
Et que pour jamais il semble
Que l'affreux hyver rassemble
Sur nos têtes ses fureurs ;
C'est en vain que je rumine,
Adorable C . . . .
Pour votre gorge divine,
Où trouverai-je des fleurs ?

AIR : *La Touriere.*

QUe dis-je, hélas ! quelle erreur !
Cette gorge est un parterre
Dont l'éclatante blancheur
De Flore efface la fraîcheur.
Dieux ! quel plaisir plus flatteur !
Si d'une bouche légere,
Sur votre sein enchanteur,
Je pouvois cueillir une fleur:
Mais réprimons notre ardeur ;
Ce désir est téméraire :
N'avez vous pas un vainqueur,
Et seul digne de son bonheur ?

---

* A Paris, l'hyver, comme on sçait, est éternel.

AIR : *Ai, ai. ai Jannette.*

QUe ce tendre & beau Berger,
Toujours d'une humeur badine,
Plante dans votre verger
Le Mai que l'on imagine ;
Ai,
Ai, ai, C....
C....i a, ai.

EPITRE

A MADEMOISELLE B**.

ADorable Uranie, un léger badinage
Auroit-il pû vous allarmer ?
Quand votre gloire est de m'aimer,
Mon cœur deviendroit-il volage ?
Non, j'ai trop éprouvé les charmes de vos yeux.
Eh ! qui pourrois-je aimer qui le méritât mieux
Qu'une Amante toujours fidelle,
Que le Ciel a formée aussi tendre que belle,
Qui jalouse de mes plaisirs,
Dans la vive ardeur qui l'enflamme,
Veut que les transports de son ame

Soient la ſource de mes déſirs.
Ah ! ſi rien n'eſt égal à la délicateſſe
D'où naiſſent tous vos ſentimens,
Rien n'eſt comparable à l'yvreſſe
Qui ravit, enchante mes ſens.
Ceſſez de m'accuſer d'avoir trahi vos charmes :
Si je ſuis coupable à vos yeux,
Ce n'eſt point là mon crime ; il eſt bien plus affreux ;
Mon cœur trouve aujourd'hui ſon bonheur, dans vos larmes.
Oui, quand vous me prouvés l'amour le plus parfait,
Je ne ſçais, aimable Uranie,
Si ce qui fait tout le bien de ma vie
Doit me cauſer quelque regret.
Non que, ſenſible à votre peine,
Je ne la partage avec vous.
Calmés votre injuſte courroux :
Comment briſerois-je ma chaîne
Ah ! dans le penchant qui m'entraîne,
Je goûte des plaiſirs trop doux.
Il eſt bien vrai que pour Hortenſe
Je conſerve toujours de la reconnoiſſance :
Mais à vous ſeule eſt dû le tendre mouvement

De l'amoureux emportement.

J'oublierois ce torrent d'indicibles délices,
Dont j'étois enyvré, plongé dans votre ſein,
Ces baiſers enflammés, ces innocens caprices,
Ces doux égaremens des yeux, & de la main;
L'Amant le plus heureux ne ſeroit qu'un parjure!
Non, non, quand on a pû jouir
De la volupté la plus pure,
Le goût eſt émouſſé pour tout autre plaiſir.
Tel qui boit à longs traits les meilleurs vins de Grcae,
Ne peut plus ſavourer que ce nectar charmant:
C'eſt ainſi que votre tendreſſe
Satisfait mes vœux pleinement,
Et rend pour toute autre maîtreſſe
Mon cœur vuide de ſentiment.
Quoique, par un ordre barbare,
Un cloître affreux pour un tems nous ſépare;
N'élevons point les cris de nos cœurs indignés;
Ne faiſons point au Ciel d'inutiles reproches,
Par des liens chéris, tendre amour, tu raproches

Les Amans les plus éloignés.

Je vous vois en tous lieux, toujours à ma pensée,

En traits de feu, votre image est tracée;

Ah! mille & mille fois heureux!

D'être l'objet de tous vos vœux.

Oui, jurons nous, belle Uranie,

De nous aimer toute la vie:

Mais contre un cœur constant plus de soupçons jaloux:

Ne vivez que pour moi, je ne vis que pour vous.

A MADEMOISELLE D...

Parodie en Bouts rimez de la Musette de M. Rochard.

Ce rapide . . . . ruisseau

Charmé, belle . . . . . Bergere,

De votre voix . . . . légere,

Semble arrêter son . . . . . eau.

Passeriez-vous les . . . . . jours

De votre plus bel . . . . âge,

Sans en fixer l' . . . . usage

Sous les loix des . . . . . amours?

On forme des . . . . désirs,
Et même sans . . . . attendre
Que vos yeux fassent . . . prendre
Le plus grands des . . . . . plaisirs:
N'ayez, pour . . . . enflammer,
Ni beauté, ni . . . . jeunesse;
Vous entendre sans . . . . cesse,
C'est toujours vous . . . . aimer.

Mais vos attraits du . . tems
Ont sçu fixer les . . . . . aîles,
Et nous rendre . . . . . fideles,
Tant ils sont . . . . . - . séduisans.
Du pouvoir d' . . . . arrêter
Sa course . . . . passagere,
Et notre humeur . . . . . légere,
Sçachez donc . . . . profiter.

Dans le premier . . . . reflus
De la mer . . . . fugitive,
L'eau revient à la . . . . . . rive
Qui ne l'attendoit . . . . plus;
Dire que vos . . . . appas
Suivront les mêmes . . . . traces,
C'est se tromper: les . . . Graces
Ne vous quitteront . . . . pas.

On vous résiste en . . . vain:

On soupire, on . . . . . désire;
Et qui peut vous le . . . . . dire,
Doit chérir son . . . . destin:
Vous donnez chaque . . . . jour
Un nouveau lustre au . . . . monde,
Et la fille de l' . . . . Onde
Inspire moins d' . . . . . . amour.

EPITRE

A Messieurs G.. B.. & B...

J'AI dit que le Beau Sexe étoit vain, orgueilleux;
Que souvent d'un œil sourcilleux
De ses adorateurs il voyoit la tendresse;
Qu'un voyage à Cythére est des plus périlleux:
Oui, je l'ai dit, & le dirai sans cesse.
Mais de ce discours qui vous blesse,
Amis, n'éprouvez-vous jamais la vérité?
Parlez avec sincerité.
Auriez-vous jusqu'ici vécu cinq ou six lustres,
Sans vous être plaints de l'Amour?
Ou, près de vos Iris ce Dieu fixant sa cour,

Borneroit-il en ce séjour
Ses conquêtes les plus illustres
A vous faire payer d'un éternel retour ?
Vos Belles d'une humeur complaisante, & fidelle,
Ignorent-elles leurs attraits ?
Et le Ciel pour vous seuls les forma-t-il exprès
D'une côte toute nouvelle :
Sans un esprit de vanité,
De tromperie & d'artifice ;
Sans entêtement, ni caprice,
Et d'une entiere égalité ?
Ont-elles du premier âge
L'heureuse simplicité ?
Tems vainement regretté !
Ou d'être aimé sans partage
Le précieux avantage
Etoit vivement goûté :
Ou sensible, & non volage,
Riche en appas, sans fierté,
Sage, sans être sauvage,
Une naissante Beauté
Donnoit au tendre esclavage
Le prix de la liberté ;
Où l'aimable chasteté,
Plus encor qu'un beau visage,

Fixoit du cœur enchanté
Pour jamais le vif hommage.
O tems de félicité !
Où, de la Divinité
L'homme alors parfaite image,
Suivoit en tout l'Equité,
Sans craindre l'austérité
Des Loix, dont le triste usage
Fut, mais en vain, inventé
Contre l'horrible ravage,
Que chez la Postérité
Causa l'amour emporté
Du honteux libertinage,
L'infame duplicité,
La violence, la rage,
Le faux honneur entêté
De n'éteindre un foible outrage
Que dans un sang détesté,
Et l'injuste avidité
Des richesses, dont le sage
Connoît l'instabilité.

Quel écart ! direz-vous ; pour blâmer les caprices,
La vanité du Beau Sexe, à quoi bon
Distiller tout le fiel d'un cynique Caton,
Et déclamer ainsi contre l'homme & ses vices ?

D'ailleurs, ſçachez qu'avec raiſon
Chacun déſavouera vos ſanglantes maximes
L'Univers n'eſt-il plus qu'une école de crimes ?
Et faut-il de l'antiquité
Percer l'épaiſſe obſcurité,
Pour entrevoir l'éclat d'une vertu ſincere,
Et d'innocentes mœurs une exquiſſe légere ?
Quoi ! de ce ſiecle ſeulement,
L'homme datteroit-il le triſte aveuglement,
Dont ſouvent, il eſt vrai, ſon ame eſt obſcurcie ?
Mais après tout, tant de miſantropie,
Et contre un ſexe ſi charmant,
Né pour notre bonheur, eſt un égarement.
Car enfin, la candeur, l'équité, la ſageſſe,
Quelque peu, ſelon vous, qu'on en voye aujourd'hui,
N'ont jamais pu trouver, il faut qu'on le confeſſe,
De sûr azile que chez lui.
Oh ! de ce dernier point plus d'un mari, je penſe,
Difficilement conviendra.
Les maris ont des fronts ; ERGO, peu de croyance
En cet article, & quand à la naiſſance

Du genre humain, qui vous contestera
Que, presqu'en commençant, l'âge d'or
expira ?
Pourquoi donc accuser ma Muse
De n'attaquer que les mœurs de ce tems ?
Si parmi nous les crimes sont plus grands,
Ne pensez pas que je m'abuse
Au point de les croire au berceau.
Si leur triomphe étoit nouveau,
Et que de la vertu les charmes adorables
Eussent jusqu'à présent fixé tous les désirs,
Ses ennemis naissans seroient peu redoutables
A des cœurs enyvrés des solides plaisirs.
Mais las! le Vice affreux, dans sa rapide
course,
Présente à nos regards l'Univers inondé;
Le torrent par-tout débordé
Prouve combien il est éloigné de sa source.
Que je pleins le destin de nos derniers neveux!
Pour eux notre malice est d'un triste présage,
Elle fait tous les jours des progrès furieux.
Comment pourront-ils donc échapper au
naufrage ?
Encore dans ce tems il est quelque vertu,

Je l'avoue, & j'ai vû le vice combattu.
Si l'on compte à milliers des troupeaux d'Epicure,
Je connois un Platon, dont la morale est sûre
Pour l'esprit & le cœur ; & pour en revenir,
(Sans m'excuser à tort de l'écart qu'on m'oppose)
Au sexe qu'on prétend qu'en mes vers j'indispose,
Fortement contre moi, je veux bien convenir,
En dépit des essains de Laïs, de Rhodopes,
Que j'ai depuis vingt ans trouvé trois Pénélopes ;
Et même une vestale, ou deux.
Mais ne connoît-on pas Thémire,
Qui n'a jamais donné de prise à la satire ?
Si sur elle on fixoit les yeux,
Et qu'on la choisit pour modéle,
La Nature prendroit une face nouvelle;
Bien-tôt le Vice anéanti
Rentreroit aux enfers, d'où ce monstre est sorti.
L'époux brûlé d'une flamme immortelle
Donneroit un amant à l'épouse fidelle :
On les verroit, charmés de leur commun bonheur,

Couler leurs jours dans l'innocence.
Hélas ! faut-il que l'espérance
Du plus glorieux sort ne soit pas pour mon cœur.

A MADEMOISELLE D...;
En lui renvoyant un Anneau qu'elle avoit oublié.

AIR : *Du Vaudeville d'Epicure.*

NOn, Philis, non, je ne puis croire
Qu'hier vous m'ayez souhaité :
Mais, s'il étoit vrai, que de gloire !
Grands Dieux ! quelle félicité !
On dit que vous vouliez m'entendre :
Qu'avec plaisir j'aurois chanté
L'amour que pour vous m'a fait prendre
L'éloge de votre beauté !

Quoiqu'hélas ! mes yeux de vos charmes
N'ayent point encor vû l'éclat,
De ceux qui vous rendent les armes,
Je connois le goût délicat :
Un secret sentiment m'assure
Que je trouve, au gré de mes vœux,

Le chef-d'œuvre de la Nature,
Dans l'objet de mes tendres feux.

Je vous présente mon hommage,
En vous renvoyant votre anneau,
Plusieurs fois j'en ai fait usage,
Avec un délice nouveau.
S'il parloit, & qu'il eut la vie,
Il vous exprimeroit l'ardeur
Qu'à mon doigt il auroit sentie,
Et dont la source est dans mon cœur.

EPITRE

A DAMIS.

J'Ai combattu longtems, je n'y puis plus tenir,
Ni de mon ennemi perdre le souvenir.
Mais ne crois point, Damis, que mon cœur se prépare
A distiller un fiel puisé dans le tartare;
La fureur en ces Vers n'est point mon Apollon;
Je venge l'équité, la vertu, la raison.
Tu sçais que de tout tems, ami de la justice,

En tout lieu j'ai montré mon horreur pour
le Vice,
Et que loin de me plaire à le voir triom-
pher,
Même dans le berceau je voudrois l'é-
touffer.
Je ne regarde point, orgueilleux misan-
trope,
Les foiblesses de l'homme avec un micros-
cope;
Et je n'ignore pas qu'il a mille défauts,
Que pardonne aisément un cœur qui n'est
point faux.
Mais un ingrat, un fourbe, un infame hy-
pocrite,
Qui, le jour & la nuit dans le secret médite
Fraude, duplicité, parjure, trahison,
Est bien moins à mes yeux un homme qu'un
démon.
On devroit s'empresser à démasquer le traî-
tre,
Et quand dans le public il oseroit paroître,
S'écrier d'une voix : Fuyons, retirons-nous;
C'est un tigre voilé sous un maintien si
doux.
Nous voyons la candeur peinte sur son
visage,

Il semble qu'elle soit l'ame de son langage;
Mais ne nous fions point à ces dehors trompeurs,
C'est un serpent caché sous les plus belles fleurs ;
Fuyons encor un coup .... Orgon est cette peste,
Lui qui veut m'arracher le seul bien * qui me reste.
Orgon, cet imposteur, dont les lâches détours
Ne tendent qu'à troubler le calme de mes jours.
Orgon, que j'estimois un homme si sincere,
Dont l'amitié m'étoit si flatteuse, & si chere
A qui cent, & cent fois, écartant les témoins,
Je confiois, hélas ! mes soucis, & mes soins,
Lors même qu'en son sein j'aimois à me répandre,
Et que je le croyois mon ami le plus tendre,
Pour me perdre, a recours aux plus noires couleurs,
Et de la calomnie emprunte les horreurs.
Je l'introduis un jour chez l'adorable Hortense,

---

* La protection de Madame ***.

Modele des vertus, miroir de l'innocence,
Je partage avec lui mon crédit, ses bienfaits;
Il ose m'imputer mille odieux forfaits.
C'est un monstre, dit-il, sorti des enfers mêmes,
Qui contre votre honneur a vomi cent blasphêmes.
On l'écoute, on le croit : Je viens, & suis banni;
Mais son crime, grands Dieux! sera-t'il impuni?
Non, non, la vérité se fit bien-tôt connoître;
Elle arrache le masque, on voit, on hait le traître;
Il fuit désesperé (juste punition!)
De me voir triompher de sa confusion.
A présent, cher ami, connois-tu l'imposture?
N'est-ce pas, répond moi, l'horreur de la Nature;
Ah! quiconque une fois se livre à ses noirceurs,
Ne boit plus qu'à longs traits le vice, & ses fureurs.
Mais je veux bien le croire exempt des autres crimes.

Qu'il cesse d'immoler d'innocentes victimes
Aux coupables projets d'un cœur ambitieux,
Et, j'en prens à témoins les hommes & les Dieux,
Dès l'instant son bonheur vivement m'intéresse,
Et je lui rends, Damis, ma premiere tendresse.

EPITRE
A MONSIEUR DE M**.

A Mon cher
De R**
Souviens toi
Que chez soi
Enrhumé,
Enfermé
Dans son lit,
Il te fit,
L'autre jour,
Sans détour,
En petit,
Le récit
Des travaux,
Et des maux,
Que depuis
Que je suis
Homme né,
Condamné
A souffrir,
Sans guérir,
Malgré moi,
Je me voi.
Cet ami
A demi
N'est point bon,
Et le ton

Dont tu vis,
Et compris
Qu'il parla,
Ebranla
Ton bon cœur
En faveur
D'un pauvret,
D'un maigret,
Qui ne peut,
Ni ne veut,
S'enrichir,
S'affranchir
Des tourmens,
Aux dépens
Des vertus,
Qui n'ont plus
Feu, ni lieu,
Que chez peu
De gens vrais,
Dont les faits,
Et discours,
Ont toujours
Eu pour fin,
Mais en vain,
D'engager
A changer
Les humains
Inhumains;
Gens vraiment
Constament
Vertueux,
Dont les vœux
Les plus doux
Tendent tous
A pouvoir
Un jour voir
Naître encor
L'âge d'or.
Or, entr'eux,
Généreux
Protecteur
De tout cœur
Amateur
De l'honneur,
Chacun dit
Qu'en dépit
Du courroux
Des jaloux,
On te doit
A bon droit,
Même en tout,
Le haut bout:
Par les soins
Que tu joins

Aux égards
Pour les Arts,
Les talens
En ce tems
Négligés,
Sont vengés.
Comme donc
Je n'eus onc
Tant d'ennui
Qu'aujourd'hui
De n'avoir
Nul devoir
A remplir,
De croupir
Dans l'état
Triste, ingrat,
D'un loisir
A périr,
Où jurant,
Et pestant,
Je languis,
Je ne puis
M'adresser,
Pour passer
D'un néant
Désolant,
Au plaisir
De jouir
D'un emploi,
Mieux qu'à Toi;
Qui jadis
M'a promis
De ne point,
En ce point,
M'oublier,
De veiller
A mon bien
Comme au tien;
Que Bacchus,
De son jus,
A jamais
Tienne frais
Ton grand front
Rubicond.
Que Comus
De dodus,
Tant pigeons
Que chapons,
Que lapreaux,
Et perdreaux,
Qu'ortolans,
Et faisans,
Bien lardés,
Ou bardés,

Prenne ſoin
Au beſoin,
De garnir,
Et farcir
Ton géſier,
Sans dangier.
C'eſt ainſi
Par des i
Qu'autrefois
Les Gaulois
Ecrivoient,
Allongeoient
Certains mots;
Au propos
Des vœux miens
Je reviens.
Que Momus
De rebus
Gai diſeur,
Fin railleur,
Par ſes dits,
Et ſes ris,
Du plaiſir
Faſſe fuir
Loin d'ici
L'enne mi,
Dire entens,
Et prétens
Tout ennui,
Tout ſouci.
Que Venus,
Tant & plus,
De douceurs,
De faveurs,
Veuille bien
Comme ſien
Favori
Très-chéri
Te combler,
Et filer
De tes jours
L'heureux cours.
Dans l'ardeur
De mon cœur;
Oui, je fais
Ces ſouhaits;
Mais de moi
Souviens toi,
Ami cher
De R**.

A MONSIEUR C...

APOLOGUE.

AIR : *Monsieur le Prevôt des Marchands.*

UN jeune arbrisseau s'élevoit ;
Un buisson épais l'étouffoit ;
On disoit, hélas ! c'est dommage ;
Mais chacun négligeoit le soin
De faire naître l'avantage
Dont cet Arbuste avoit besoin.

AIR : *De tous les Capucins du monde.*

ENfin une main bien-faisante,
Comme il périssoit, le transplante ;
Du Soleil il sent la chaleur,
Se nourrit des pleurs de l'Aurore ;
Et peu de tems après la fleur,
On vit d'assez bons fruits éclore.

AIR : *A l'ombre de ce verd Bocage.*

JE suis cet arbrisseau débile,
Le buisson, c'est mon triste état.
C.. à mes vœux sois facile ;

Je te devrai tout mon éclat.
Fais que j'éprouve l'influence
Du Soleil qui ſur toi reluit ;
Tu me verras prendre croiſſance,
Et porter bien-tôt quelque fruit.

EPITRE
A MONSIEUR P**.

BEL habit neuf endoſſé,
Beau linge bien repaſſé,
Après les fêtes j'eſpere
En bon carroſſe me faire
Rouler chez mon Mécénas ;
Mais plûtôt je ne puis pas,
Et je n'irois à Lutece
Aujourd'hui que pour te voir.
A ton tour, par politeſſe,
Vien viſiter mon manoir.
Tu ſçais combien je redoute
Les attaques de la goute,
Et que trop de mouvement
Me fait faire laide moue.
Toi dont le jaret ſe joue,
En arpentant longuement,
Quitte ta ſombre demeure,

Où l'on entend à toute heure
Et du jour, & de la nuit,
Retentir l'horrible bruit
Des cloches épouvantables,
Que jadis à tous les diables
Nous donnions, & de bon cœur,
Lorsque le carillonneur,
Pour annoncer quelque fête,
Venoit nous rompre la tête,
Et que nous dormions bien fort,
Ou que nous rimions *à tort*
Pour rendre ma phrase claire
à travers est nécessaire.
Mais peut-être tu croiras
Que je veux te faire injure :
Non, non, je fais trop de cas
De ta versificature,
La mienne ne la vaut pas,
Et n'est besoin que j'en jure,
Tout ce galimatias
En est une preuve sure.
Or sus, quitte ton réduit,
Ami, si mieux ne te duit
D'encourir quelque anathême ;
Car dans ton dépit extrême,
Si tu ne peux sommeiller,
Et si, contraint de veiller,

Tu ne peux ſur mainte rime
Paſſer & rabot, & lime ;
Tu maudiras les ſonneurs
Des cloches les inventeurs,
Et ceux qui les ont fondues,
Ou qui par engins, & grues,
vont ainſi les accrocher
A la cime d'un clocher.
Au moins contre le Saint même
Ne lâche pas un ſeul mot :
Maint perſonnage dévot
T'accuſeroit de blaſphême.
Si tu t'en prenois à Dieu,
Paſſe.... Mais au Saint du lieu,
Au patron de la Paroiſſe !
Le Paſteur à ſes genoux
Te verroit mourir d'Angoiſſe,
Tu ne ſerois pas abſous ;
Et dans les troncs mainte ſomme
Te faudroit laiſſer couler,
Si tu ne voulois aller
Chercher les pardons à Rome.
Mais ſur ce je me tiens coi ;
Ami, je reviens à toi.
Samedi, d'un air ingambe,
Rend toi donc au Pont Royal ;
Mais ſonge à friſer la jambe,

En montant ſur l'Amiral.
Car une planche peu ſure
pourroit bien par avanture
Te forcer à Brékékec
De faire ſalamalec,
Vel, de cheoir en la riviere,
Dont les bords ſont le ſéjour
De l'eſpece grenouillere.
Des paſſagers, tour à tour,
Tu peux faire la revue,
Et s il s'offroit à ta vûe
Quelqu'animal féminin,
Dont le minois ſçut te plaire,
Il eſt un Eſtrapontin
Propre à l'amoureux miſtere,
Et pourroit Saint Nicolas *
Te le prêter en ce cas.
Après avoir fait ta ronde,
Va fumer ſur le tillac
Une pipe de tabac;
Tu verras du ſein de l'onde
Sortir dans le même inſtant
Les Tritons, les Néreïdes.
Car pour les cerveaux humides
Le tabac eſt excellent;
Peut-être auront-ils envie

* *Matelot.*

De fumer par compagnie :
Autrefois ils ont de Bart
De Pétuner appris l'Art.
Comment ! dira la critique,
Les Freres de Prothéus,
Et les Sœurs du bleu Glaucus,
De la plaine Océanique,
Depuis quand ne sont-ils plus
Dieux, & maîtres absolus ?
De la rive séquanique
Les Barts furent ils connus ?
Mais argumens superflus :
Voici comme j'y réplique,
Et, je pense, sans micmac.
On prouve en bonne physique
Qu'avec chaque fleuve, & lac,
Toute la mer communique.
Ergo, peuvent bien Tritons,
Par mille routes sécrettes,
Aux Nymphes de nos cantons
Venir conter des fleurettes ;
Et Tritones, à leur tour,
Comme eux, d'un nouvel amour,
Entre les bras de nos fleuves,
Faire les douces épreuves.
Ce mutuel changement
Est un accommodement,
Et qui me paroît très-sage.

Les Dieux ne sont pas Bourgeois,
Et sur eux le cocuage
Ne peut étendre ses droits.
Tu pourras donc voir la troupe
Des Tritons pousser la poupe
De ton vaisseau jusqu'au port,
Et lui donner plus d'essor ;
Tandis que dans leurs coquilles,
Du vieux Néréus les filles
Feront pour toi, sur les eaux,
Caracoller leurs chevaux.
Tu débarqueras à Seve,
Où nous nous accolerons,
Et de bon vin nous boirons ;
Car c'est un chemin qui creve
Si l'on ne boit pas un coup.
Puis nous jaserons beaucoup
De la paix, & de la guerre,
D'Auteurs, & de leur misere,
Des Ballets de l'Opéra,
Des nouveaux feux d'artifice,
Des Amans de mainte Actrice,
Des Pantins, & de Nina.
Aux environs de Versailles,
Il est de grasses volailles,
Perdrix, bécasses, faisans :
Mais ce n'est que pour la bouche

Des Princes, des Courtisans,
Et personne qu'eux n'y touche ;
Nous nous en passerons donc,
Et ferons chere frugale.
Le vin qu'ici l'on avale
N'est le meilleur qui fut onc.
Sur un lit Diogénique
Nous prendrions notre repos :
L'enthousiasme Bacchique
Puisé, le jour, dans les pots,
La nuit, vaudra des pavots
La vertu soporifique.
Je ne te détaille rien,
Et je crois que je fais bien,
De ces superbes spectacles,
De l'art autant de miracles,
Et que, quand tu les verras,
Mieux que moi tu connoîtras.
Si Comus nous abandonne
Pour Marquis, Comtes, & Ducs,
De qui la panse gloutonne
Se nourrit des meilleurs sucs ;
De Momus l'humeur badine,
Et les impromptus malins,
Les gestes, les coups d'œil fins,
La liberté Calotine,
Bref, de ce comique Dieu

Le vif, & ſaillant génie,
Cher ami, nous tiendra lieu
D'une table bien garnie,
Et de tous les mets exquis
Des Ducs, Comtes, & Marquis.
Ici faiſons une pauſe :
P** notre ami commun
Diſpoſe autrement la choſe ;
Deux avis valent mieux qu'un.
Tout bien peſé ; qu'il te plaiſe
Reſter chez toi ſamedi,
Dans ton lit, ou ſur ta chaiſe,
Liſant, non de Scuderi
L'ennuyeuſe bigarrure ;
Mais bien les traits ingénus
De Marot, ou de Voiture,
Auteurs charmants, & connus
Pour rivaux de la Nature.
Tu verras, entre midi,
Et quatre heures, cet ami,
En talens le digne Frere
D'un notre eſprité confrere,
Confrere, non Franc-Maçon ;
Mais confrere en Apollon,
Et qui, ſous ces grands portiques,
Dans ces jardins magnifiques,

Chers confidens des désirs,
Secrets témoins des plaisirs
De ceux que l'amour y mene,
Vous attendra tous les deux,
En célebrant ces beaux lieux,
Lieux si chéris de la Seine,
Qu'elle semble pour toujours,
Sur ces agréables rives,
De ses ondes fugitives,
Vouloir enchaîner le cours.
Si-tôt que l'heure cinquieme
Aux Théatins sonnera,
Le Vaisseau lors voguera;
Puis environ la septieme,
A Seve il abordera,
Où tous trois vous recevra
Celui qui de voir ta face
Grandement s'ébaudira,
Et qui, pour t'en rendre grace,
par trois fois à toi boira.
Hélas! s'il se pouvoit faire
Que G*** notre frere....
Mais.... ce mais, tu l'entends bien;
Et je n'ajouterai rien;
De ce penser la tristesse
Altereroit l'allegresse
Qu'à mon cœur fait concevoir

L'esperance de te voir.
Si ta joye est aussi grande
Que la mienne le sera,
Toute la céleste bande
En nous éternisera
L'amitié tendre & fidele;
Dont nous ferons le modele.
Pour nous, on criera *vivat*,
Et nous répondrons, *fiat*
Je suis attendant réponse à la présente semonce,
* Ton très, *& cætera*,
In æternum & ultrà
A Versailles ce seizieme
De May, l'un des plus beaux mois,
L'an du siecle dix-septieme
Quarante quatre, plus trois.

COMPLIMENT

Fait le premier jour de l'An 1747 à feu M. l'Abbé H... M.. Musicien, par ses Eléves.

AIR: *A l'ombre de ce verd boccage.*

L'Abus d'une coutume sage
Est cause en ce jour qu'à crédit,
Beaucoup de gens font étalage

Des faux brillans du bel esprit.
Mais heureusement impuissante
Pour former un vain compliment,
Notre Muse ne vous présente
Que l'hommage du sentiment.

AIR : *Nous jouissons dans nos hameaux.*

QUE les Dieux en notre pouvoir
N'ont-ils mis leur richesse !
Mais daignés au moins recevoir
Toute notre tendresse.
Les vœux que vos soins de tout tems
Dans nos cœurs ont fait naître,
Voilà les uniques présens
Dignes d'un si bon Maître.

AIR : *Prend, ma Philis, prend ton verre.*

NOs bois ont perdu leurs charmes,
Tout languit dans ce séjour.
Venez calmer nos allarmes
Par un fortuné retour. *
Une si funeste absence
A plongé dans le silence

* Il étoit allé aux Eaux de Plombieres.

Tous les échos d'alentour.
Revenez nous faire entendre
Ces concerts mélodieux,
Venez à jamais nous rendre
Votre présence, & nos jeux.

ANAGRAMME

Présenté au même Abbé le jour de sa Fête, par les mêmes.

H... CUS M..

*

HARMONIÆ DECUS.

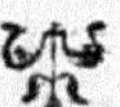

EPIGRAMME

SI mutatur in hoc Anagrammate littera
Duplex,
Censorum nobis non tamen inde timor :
HARMONIÆ, *te namque, tuoqui nomine nolet,*
Re, nempè ingenio dicet, & arte, DECUS.

* L'honneur de l'harmonie.

A deux changemens près, votre nom, docte Abbé,
Nous fournit en Latin L'HONNEUR DE L'HARMONIE.
L'Anagramme est un peu hardie :
Mais si quelque Zoile, au visage plombé,
S'écrioit, d'une voix rauque de jalousie ;
Je ne vois point du tout ce titre dans son nom.
Eh ! bien d'accord, lui dira-t-on.
Du moins, en dépit de l'envie,
Que toujours, & partout le mérite confond,
Convenez qu'en secret votre cœur vous répond,
Tu le trouves dans son génie.

L'Epigramme, sur tout en Latin, n'est pas toujours une satire, mais souvent un éloge.

EPIGRAMME.

DEpuis la condamnation
De . . Qui ? il pleut que c'est compassion.
Par-là, dit-il, le Ciel fait bien voir qu'on m'exile

Contre tout droit ; & sa juste fureur
Venge ma gloire, & son honneur.
Moi, je dis qu'il purge la Ville
Des traces de cet imposteur.

AUTRE.

PEre . . un jour nous vantoit son mérite
Avec emphase ; alors quelqu'un lui dit,
Mon Réverend, un Jésuite
Qui seroit humble & doux, auroit-il de l'esprit ?
S'il en avoit, répond sa Réverence,
Avec beaucoup d'humilité,
Ce ne seroit pas, je pense,
Celui de la Societé.

AUTRE.

UN jour N . . . Médecin
D'une gentille Damoiselle
Pour lui tâter le pouls, mit la main sur son sein.
Que faites-vous donc ? dit la Belle,
Eh ! Monsieur, vous n'y pensés pas.
Il est vrai, reprit-il, votre mal est plus bas.

AUTRE.

POur la rime, & Phébus, quittons Mars & l'épée.
Voilà de mes amis l'esperance trompée ;
Mais s'ils pesent bien mes raisons,
Ils les trouveront très solides :
Je puis, en guerroyant, manquer les Invalides ;
En rimant, je suis sûr des Petites Maisons.

AUTRE

Sur Sémiramis, Tragédie de M. de de V...

J'AI vû Sémiramis, Veuve, mais désolée ;
Vraie en son repentir : Mere tendre, immolée,
Aux manes d'un Epoux, par un fils adoré,
Dont le cœur innocent, quand la main est coupable,
Succombe sous le poids de l'horreur qui l'accable.
J'ai vû.... la scene en pleurs, & je n'ai pas pleuré.

EPITAPHE.

CY gît un fameux Médecin,
Dont l'Art Hypocratique
Avoit sur tout le genre humain
Un pouvoir despotique
Passant, ne crains plus de l'Enfer
Les tourmens effroyables;
Il est allé, chez Lucifer,
Empoisonner les Diables.

PRINCIPE DE PHYSIQUE.

Plus une aiguille est aimantée, plus elle decline.

OBJECTION.

AIR: *On ne parle que de Béquille.*

CE Sçavant dans l'Astronomie,
Dont le mérite est tant vanté,
Ne peut avec tout son génie
Résoudre ma difficulté.
Quand je vogue avec Galatée
Vers l'Isle où regne Cupidon,
Plus mon aiguille est aimantée,
Moins elle a de déclinaison.

L'HEURE DU BERGER.

VOus dites que l'amour est le Dieu du mystére,
Charmante Iris, c'est une erreur;
Et votre bouche a beau se taire,
Dans vos yeux il me tient un langage enchanteur:
Il me dit que sans plus attendre,
En ce moment je puis entre vos bras me rendre
De vos charmes l'heureux vainqueur,
Comme j'en ai toujours été l'adorateur
Le plus constant, & le plus tendre.

AUTREMENT.

AIR: *De la contredanse des Carmes.*

NOn, non, non, tu ne fuiras pas,
Disoit Lucas,
A Lisette qu'il tenoit entre ses bras;
Tes cris deviennent superflus,
De ton refus,
Mon feu s'irrite encor plus.
Il l'embrassa;
Lisette se fâcha;
Mais Lucas recommença.

Lisette alors
Seconda ses efforts,
Et partagea ses transports:
Et voilà comme nous devons prendre
Ce que les Belles n'osent donner,
Quand l'honneur les force à se défendre,
L'Amour est prêt à nous couronner.

LES ROIS.

AIR : *Je suis pour les Dames, moi.*

LE jour des Rois, le gros Lucas ordonne
A sa femme Isabeau,
Que pour eux seuls, & sans prier personne,
Elle fasse un gâteau.
Il croit, ma foi,
Qu'aucun voisin n'en tâte;
Je pétris la pâte,
Moi;
Je pétris la pâte.

LE MARDI GRAS.

Même Air.

QU'apportes tu, la belle Cuisiniere?
Ces chapons sont fort beaux:

Et

des pigeons : Nous ferons chere entiere:
Voyons ces dindonneaux.
Plume-les, toi:
Autre soin me regarde,
Il faut que je larde,
Moi,
Il faut que je larde.

LA S. MARTIN.

Même Air.

LA Saint Martin est ma fête cherie,
J'aime le vin nouveau;
Et ce jour-là, morbleu, jusqu'à la lie,
Je vuide mon tonneau.
Je bois à toi:
Fais moi raison, mignonne;
Il faut que j'entonne,
Moi,
Il faut que j'entonne.

BOUQUET

Pour Mademoiselle .... en lui envoyant un Pot d'œillets déja fanés.

AIR : *Du Vaudeville d'Epicure.*

O Vous, des parterres de Flore
Jadis le plus bel ornement,
L'Aquilon va vous faire encore
Eprouver un nouveau tourment;
Oeillets, sur le sein de Silvie,
Trône de l'amoureux Zéphyr,
Allés, & reprenés la vie,
Où je n'aspire qu'à mourir.

AUTRE.

AIR : *A l'ombre de ce verd Bocage.*

L'Autre jour à la jeune Ismene
Je voulus donner un bouquet;
Mais je n'avois ni mariolaine,
Ni thym, ni jasmin, ni muguet.
Eh quoi ! me dit l'Amour, tu n'oses
Aller chez cet objet chéri,
Sur sa bouche cueillir des roses :
C'est un jardin toujours fleuri.

AIR : *Prend, ma Philis, prend ton verre.*

JE vole alors chés la Belle,
Dévoré d'un feu brûlant ;
L'Amour me prêta son aîle,
Et j'y fus dans un instant.
On m'ouvre : Un baiser se donne ;
On se fâche ; on me pardonne :
Ah Dieux ! quel contentement !
Je cueille une rose encore,
Encore un lis, un œillet ;
Et dans un sein que j'adore
J'eus bien-tôt mis le bouquet.

AUTRE.

Dialogue entre Blaise, & le Bailli de son Village.

AIR : *On ne parle que de Béquille.*

LE BAILLI.

LE bieau bouquet, compere Blaise !

BLAISE.

C'est pour vous, Monsieur le Bailli.

LE BAILLI.

Pour moi ! je m'appelle Nicaise,

Ce n'est pas ma fête aujourd'hui.

BLAISE.

Nicaise! Jean....

LE BAILLI.

Non, Dieu me damne.

BLAISE.

Vous vous trompés depuis l'instant
Que j'ai fleuri Madame Jeanne,
Palsangué, vous êtes bien Jean.

CHANSONS DE LA *FRANCHE-MAÇONNERIE*

COMPLIMENT

Que je fis en Loge après ma réception.

AIR : *Non, toujours dire, non.*

OUI, c'est en ce moment
Que justement
Je me blâme;
Mais je lis mon pardon
Sur votre front.

Jusqu'à présent
J'avois cru follement,
Sans ce nœud charmant,
Du solide bonheur
Gouter la douceur :
Mais il n'est plus de nuit,
Et la lumiere luit
Dans mon ame.
Dieux ! quelle vive ardeur
Saisit mon cœur,
Et l'enflamme !
Feu sacré, feu divin,
Embrasse à jamais mon sein.
Vien, vien,
Toi, par qui le Ciel couronne
Le désir qu'il nous donne
De jouir constament du vrai bien,
Vien, vien,
Tendre amitié, n'abandonne
Jamais
Les plus parfaits
Des vrais amis que tu fais.
La Sagesse, & la Raison,
Dans le cœur d'un Maçon,
Etablissent leur Trône :
Oui,
C'est aujourd'hui

Que je veux
Leur consacrer mes vœux;
C'est tout mon soin:
Loin
De notre auguste mystere,
Curieux téméraire,
Tu n'en seras jamais le témoin:
Loin, loin,
Va, fuis, prophane vulgaire,
Les Dieux
Font de ces lieux,
Pour nous seuls, de nouveaux cieux.

Après la réception d'une Maçonne.

AIR; *Quel désespoir:*

Quelle douceur,
En ce jour, charmante Maçonne,
Quelle douceur
Ne doit pas goûter votre cœur!
Dans la splendeur
Du spectacle qui vous étonne,
Voyez, ma sœur,
Le gage de votre bonheur,
Si le goût assaisonne,

L'aimable vertu couronne
Les plaisirs que nous donne
Un nœud si doux, & si flatteur.
De la candeur
Le vif éclat nous environne,
Et la pudeur
Regne en ce séjour enchanteur.
Sur nous chacun raisonne,
Mainte, & mainte personne,
En nous voyant, frissonne
Tout à coup de crainte, & d'horreur:
En vain l'Erreur
Des plus grands vices nous soupçonne,
De leur fureur
Un Maçon est toujours vainqueur.

AIR: *A l'ombre de ce verd bocage.*

ENfin d'une cruelle guerre
LOUIS fait cesser les horreurs,
Mars ne lance plus son tonnerre
Sur l'espoir de nos Laboureurs.
Toujours nos tranquilles Provinces
Fleuriroient de riches moissons,
Et la paix uniroit nos * Princes,
S'ils se faisoient tous Francs-Maçons.

---

* Ce sont les Maçons de toute l'Europe qui parlent.

CANTATILLE

A l'occasion d'une Fête magnifique donnée à Mademoiselle ... le jour de Ste Anne sa Patronne : Il y eut Bal, Concert & Feu d'artifice.

QUel éclat brille en ce séjour !
Les Jeux, & les Ris, tour à tour,
Prennent à chaque instant une forme nouvelle.
Est-ce Venus, est-ce l'Amour,
Qui, pour bruler les cœurs d'une flamme immortelle,
Sur nos rians côteaux viennent fixer leur cour ?

Dans ces beaux lieux tout nous engage
A suivre le penchant du cœur,
Et si d'y plaire on cherche l'avantage,
C'est pour déclarer son vainqueur.

Un amant n'est point téméraire,
Quand il se flatte de charmer ;
Il ne faut que bien aimer,
Pour être sûr de plaire.

Mais quels nouveaux objets soudain frappent mes yeux !

Le Triton enflammé, la tendre Néréide ;
Du sein de la plaine liquide,
Exhalent l'ardeur de leurs feux ;
Et le Gnome brulant, d'une course rapide,
S'envole dans les bras de sa chere Silphide,
Et l'enchaîne des plus beaux nœuds.

Puisque tout dans la Nature
Subit la douce loi du tendre sentiment,
Qu'une flamme vive, & pure
Soit notre unique élément.

Le plaisir est notre vie,
Sans amour point de plaisir.
Ainsi ne rien aimer, songés, belle Sylvie ;
Que c'est moins vivre que mourir.

Près du Berger qui soupire
La Bergere s'attendrit :
Imitons les transports d'un si charmant délire,
C'est le seul bien qui peut suffire
A deux cœurs que l'Amour unit.

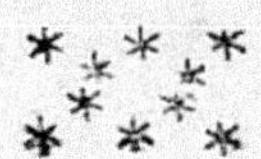

VAUDEVILLE.

Air à noter.

DEman le vieux Grifon à Lifette s'unit,
Chacun le dit :
Sa feule richeffe,
Et non fa tendreffe,
De cette jeune Belle a vaincu le dédain :
Rien n'eft plus certain.
Mais dans neuf mois l'enfant qu'il verra
naître
Du fein de cet objet cheri
Sera-t'il de lui ?
Peut-être.

❋

L'Amour à d'Aubignac a fait tourner l'ef-
prit,
Chacun le dit :
Feftins, promenades,
Bouquets, férénades,
Bien-tôt de fes écus lui feront voir la fin,
Rien n'eft plus certain :
Jeux, & cadeaux venant à difparoitre,
Verra-t'il de quelque retour
Payer fon amour ?
Peut-être.

❋

Geronte, & Philemon sont tous deux en
conflit,
Chacun le dit :
Vaines procédures,
Fausses écritures
Vont encor engraisser Braillard & Pillardin,
Rien n'est plus certain :
Si le Pupille aux Juges fait connoître
Toutes les fraudes du Tuteur,
Sera-t'il vainqueur ?
Peut-être.

Damis chez ses Marchands a beaucoup de
crédit,
Chacun le dit :
Pour mainte coquette,
Il fait mainte emplette,
Et choisit ce qu'ils ont de plus beau, de plus
fin.
Rien n'est plus certain ;
Lorsqu'à sa porte il les verra paroitre,
Fera-t'il honneur aux billets
Qu'il leur aura faits ?
Peut-être.

L'Intendant de Clitandre entend bien ſon
Profit,
Chacun le dit:
Il a fait n'aguéres
L'achat de deux Terres,
Et compte avoir bien-tôt carroſſe, & tout
Son train,
Rien n'eſt plus certain.
S'il vient enfin à ruiner ſon Maitre,
Sera-t'il, voyant ſes tréſors,
Troublé de remords?
Peut-être.

Chez Olympe autrefois Arcas long-tems
ſervit,
Chacun le dit:
Mais par l'entremiſe
De cette Marquiſe,
Il ſe verra bien-tôt dans un poſte brillant,
Rien n'eſt plus conſtant:
N'oſera-t'il jamais ſe méconnoitre,
Après qu'il ſera décoré,
D'un titre honoré?
Peut-être.

FIN.

L'AVEUGLE

CONTE.

JE vais rendre, aimable Julie,
En ſtile ſimple & négligé
Votre hiſtoriette jolie,
Comme je m'y ſuis engagé.
Sous ma plume foible & tremblante
Elle aura bien peu d'agrément,
C'eſt de votre bouche charmante
Que lui vient tout ſon ornement.
Que n'ai-je donc, pour la mieux rendre,
Ces graces, ces tours enchantés
Que vous ſçavés ſi bien répandre
Sur tout ce que vous racontés !
Mais d'aſpirer à cette gloire
C'eſt former d'inutiles vœux,
Et je me croirai trop heureux,
Si je puis dire mon hiſtoire
Même ſans paroitre ennuyeux.

DANS ce ſéjour où la lumiere
Ne ſe fait voir en aucun tems,
Ou les feux les plus éclatans

Du bel Aſtre qui nous éclaire
Viennent mourir ſur la paupiere
Des infortunés Habitans
De cette malheureuſe terre ;
C'eſt ces Quinze-Vingt que j'entens.
Aux Quinze-Vingt l'Amour pour rire
Voulut qu'on le menât un jour ;
Il s'y rendit ; mais ſon ſéjour
N'y fut pas long, quand il veut nuire
Ou qu'il veut jouer quelque tour,
Un inſtant ſuffit à l'Amour.

Parmi les trois cens miſerables
Qui peuplent ce lieu ténébreux,
Il choiſit le plus Vigoureux,
Et de ſes flêches redoutables
Il fit un tintamare affreux
Avec un feu de tous les Diables,
Dans le cœur de ce malheureux.

L'objet pour qui ce cœur ſanglote
Et qui fait au pauvre Guillot
Tourner la tête, c'eſt Javote
La Jardiniere de Chaillot.

Le moyen d'éteindre dans l'ame
Les feux qui cauſent ſon tourment,
C'eſt d'oublier entierement
L'objet aimable qui l'enflamme ;
Guillot penſa tout autrement,

Et crut que dans la jouissance
De l'objet aimable & charmant
Dont le funeste éloignement,
Causoit sa peine & sa souffrance,
Il trouveroit sa délivrance
Ou bien quelque adoucissement
Aux maux cruels qu'en son absence
Il éprouvoit à tout moment.
Plein de son amoureuse yvresse
Il prend son Bâton à la main,
Passe le Cours avec vitesse
Et se rend sur le grand chemin,
Les uns disent vers la Barriere,
D'autres en un lieu plus voisin
De la Ville, où la Jardiniere
Va tous les jours de grand matin
A la Halle, ou chez la Fruitiere,
Vendre les Fruits de son Jardin.
Quoi qu'il en soit, il est certain
Que le Soleil au genre humain
Montroit à peine sa lumiere,
Quand Javote dans le lointain
Reconnut à son casaquin
Guillot assis sur une pierre
Qui d'un air soumis & benin
L'attendoit près de la Riviere,
Avec deux gateaux de Nanterre

Un flacon de cidre, du pain
Et du fromage de gruiere ;
Il avoit, en place de verre,
La tasse de cuivre ou d'étaing
Dont se servent les Quinze-Vingt
Quant ils font leur quête ordinaire.
Javote qui ne sçavoit pas
Qu'épris de l'Amour le plus tendre
Guillot bruloit pour ses appas ;
S'avançoit toujours à grands pas.
Dès qu'elle put se faire entendre,
Vraiment, dit-elle, c'est Guillot,
Qu'est ce qui t'oblige à te rendre
De si bon matin à Chaillot ?
Amour, tu peux seul nous redire
Ce que sentit à ce moment
Le cœur de cet heureux Amant,
Qui de la fin de son martyre
Croit avoir un pressentiment.
Ouy, dit il, c'est Guillot lui même,
Javote, que tu vois ici ;
Ce n'est ni Chaillot, ni Passy,
C'est toy, c'est mon amour extrême,
Qui m'ameine dans ce lieu-cy.
Differe un moment ton voyage,
Et déjeunons ici tous deux,
Entre la poire & le fromage,

Reçois mon amour & mes feux.

Tout en parlant, sa main legere
Voltige de la tête au sein,
Il prend le bras, serre la main
De la petite Jardiniere.
Les Gens privés de la lumiere
Ont le tact extrêmement fin ;
Et sous une toile grossiere,
Ils vous diront si le vélin
Est noir ou blanc, malade ou sain,
Guillot est dans cette matiere
Le plus expert des Quinze-vingt.
Javote par extraordinaire
Avoit mis son Corset de Lin,
Ses bas de laine d'Angleterre
Et son Jupon blanc de Bazin.
Ce vétement à la légere
Mit tellement l'Aveugle en train,
Qu'oubliant son cidre & son pain
Et ses deux gateaux de Nanterre,
Il ne pensa plus qu'à l'affaire
Dont il avoit le cœur tout plein,
Et voici de quelle maniere
Il crut la conduire à sa fin.

Il ouvre à demi la paupiere,
Prend un air gaillard & badin,
Panche un peu la tête en arriere,

Et d'un style assés peu chrétien
Apostrophant la Jardiniere ;
Javote, dit il, veux tu faire . . .
Là . . . veux tu faire . . . cette affaire
Cette affaire . . . que tu sçais bien :
Un écu sera ton salaire,
Car je ne voudrois rien pour rien.
Je craindrois trop de te déplaire
Si je refusois ton écu,
Dit Javote, mais où veux tu
Que nous allions nous satisfaire ?
Car de me mettre ici par terre,
Je salirois tout mon fichu,
Mon Corset & ma Jupe entiere.
Guillot lui mettant dans la main
L'écu qu'il tenoit dans la sienne,
Couche toi sur mon casaquin,
Dit-il, il n'est crotte qui tienne,
Je prendrai volontiers la peine
De le décroter pour demain.
Il ôte à l'instant sa Jaquette,
Et l'étend par terre à tâton,
Jette à quatre pas son Bâton,
Déboutonne son aiguillete,
Et veux faire . . . ah, ma plume arrête ;
Dis nous le tour auparavant
Que fit Javote à son Amant.

A peine, helas ! le pauvre ſire
Avoit mis ſa Flamberge au vent,
Qu'elle s'approche doucement,
Prend la Capotte & puis la tire,
La met ſur ſon dos ſans mot dire,
Decampe & fuit adroitement
Avec la Jaquette & l'argent.
Guillot, qui de ce qui ſe paſſe
N'a rien vû ni rien entendu,
Croit toujours qu'en la même place
Son caſaquin eſt étendu.
Ah ! c'eſt ici, belle Julie,
Que pour embellir mon diſcours,
Et rendre l'hiſtoire jolie,
Je vous invoque à mon ſecours.
Prêtés-moi la délicateſſe
Les graces, les traits, la fineſſe
Qui naiſſoient ſous votre Pinceau,
Quand dans cet endroit de la piece
Avec un gout toujours nouveau,
Vous nous retraciés le tableau
Et l'impatiente allegreſſe
De cet Aveugle qui s'empreſſe
De s'approcher de ſon Manteau.
Vous ſçaviés ſi bien nous le rendre,
Que ce n'étoit pas ſans pitié
Qu'on croyoit le voir & l'entendre

Chercher de la main & du pié
Le lit humide & plein de crotte
Où se livrant à ses desirs
Il croit déjà que sa Javote
Partage avec lui ses plaisirs:
Mais la fille avec la Capotte
S'avançoit toujours vers Paris,
Laissant ainsi bien loin derriere
Guillot qui la cherchoit par terre
Tant l'amour dont il étoit pris
Lui bouleversoit les esprits.
Javote, dit-il, es tu prête?
La Coquine elle ne dit rien;
Javote? allons donc, ma Poulette.
Tu ris, je le gagerois bien;
Allons donc, Javote, ma mie,
Dépêche toi, je t'en supplie,
Sans quoi j'aurai l'affliction
De répandre mon eau de vie
Autre part que dans ton flacon.
La chose presse, & c'est folie
De rire ainsi hors de saison,
Je trouve ta plaisanterie,
Tout à fait contre la raison.
Viens Javote, si tu differes,
De toi je n'aurai plus besoin,
Car j'aurai finis mes affaires

Avant . . . . Ta Javote est bien loin,
Lui dit doucement à l'oreille
Un quelqu'un qui passoit par là ;
Mets le bouchon à la bouteille
Prens ton Baton, & puis t'en va.

Ici mon histoire est finie,
Mais que j'aurois, belle Julie,
De joye & de contentement,
Si j'apprenois que cette histoire
Eût eû l'avantage & la gloire
De vous amuser un moment.

Je cesserois ici d'écrire ;
Mais après un conte pour rire
Il faut une reflexion ;
Voicy je crois la plus sensée
Qui me soit venue en pensée
Pendant la composition.
On dit que l'Amour ne voit goute,
Qu'il est aveugle entierement ;
En vérité pour moi j'en doute
Et je pense differemment.
Ce Dieu qui de toute la Terre
Peut disposer à son desir,
Ira t'il justement choisir
Un autre Aveugle pour en faire
Le triste objet de son plaisir.

Une autre preuve que j'apporte,

Julie, & qui vous prouve mieux
Que cet Enfant a de bons yeux ;
C'eſt que jamais de votre porte
Je n'euſſe trouvé le chemin,
S'il ne m'eût conduit par la main.
C'eſt lui, quand vous êtes abſente,
Qui me trace votre Portrait ;
Il ſçait me rendre trait pour trait
Ces yeux, cette bouche riante,
Cet air gracieux qui m'enchante
même juſques dans le Tableau ;
Après cela, belle Julie,
Croirés vous, comme on le publie,
Que cet Enfant porte un bandeau.

A IRIS.

UN jour viendra que la vieillesse
Enlevera tous nos plaisirs
Sans laisser à notre foiblesse
Que la honte de nos désirs.
Quand nous aurons veilly sans faire aucun usage.
Des biens mis sur nôtre passage,
Ce sera vainement que pour nous soutenir,
Nous voudrons appeller la raison à notre aide
Contre tous les chagrins d'un si triste avenir,
Iris, il n'est point de remede
Qu'un agréable souvenir.

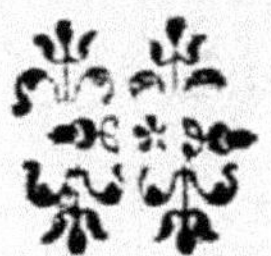

A UNE BELLE.

JOuiſſez en paix des douceurs,
Que vous promettent tous vos
charmes,
Et laiſſez la plainte & les larmes
A ceux qui ſouffrent vos ri-
gueurs.

CHANSON

Pour servir d'Epilogue à la Comédie de l'Antiquaire.

DU tems passé, vous qui vantés les loix
Et qui méprisés trop le nôtre,
Croyez-moi l'un est comme l'autre
C'est encore comme autrefois :
L'on vit toujours selon le vieux systeme :
Parcourons ce tems si vanté
Que l'on appelle Antiquité
Et nous dirons en verité
Tout va toujours de même.

Au tems passé le fuseau dans les doigts
Epris d'un amour ridicule
Aux pieds d'Omphale on vit Hercule
C'est encore comme autrefois :
Car aujourd'hui par son pouvoir supréme
L'Amour souvent de nos Héros
Change les lauriers en pavots
Et des armes fait des fuseaux,
Tout va toujours de même.

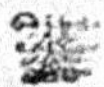

Au tems passé peu jaloux de ses droits
Socrate après son mariage
Ne fut point maître en son ménage,
C'est encor comme autrefois.
Car aujourd'hui plus d'un bon Nicodême
Pour avoir la paix au logis
Laisse porter à sa Cloris
Ce qui ne convient qu'aux maris,
Tout va toujours de même.

Au tems passé parmi ses beaux exploits
La Gréce a vu plus d'un Thersite
La deshonorer par sa fuite,
C'est encore comme autrefois:
Car aujourd'hui plein d'une ardeur extrême
Dès le premier coup de mousquet
L'on voit encor maint freluquet
Se sauver derriere un bosquet.
Tout va toujours de même.

Au tems passé, d'une éloquente voix
On a vû le grand Demosthene
Ennuyer le Peuple d'Athene,
C'est encore comme autrefois;
Car aujourd'hui sur la fin d'un Carême
Il n'est aucun Prédicateur
Qui quelquefois foible orateur,
N'ait ennuyé son Auditeur,
Tout va toujours de même.

Au tems passé, pour un joli minois
Plus d'un Juge a l'Aréopage
Laissa corrompre son suffrage,
C'est encor comme autrefois;
Car aujourd'hui par plus d'un stratageme
Cupidon sur les fleurs de lys
fait rendre souvent a Themis
Des arrêts dictés par Cypris.
Tout va toujours de même.

Au tems passé, souvent au fond d'un bois
Timon contre la race humaine
S'en alloit exhaler sa haine,
C'est encore comme autrefois;
Car aujourd'hui l'œil hagard, le teint blême
Plus d'un Timon du genre humain
Dans un colloque clandestin
Vomit sa bile & son chagrin.
Tout va toujours de même.

Au tems passé, Philosophes Narquois
A l'exemple de Diogene
Vous vous insultâtes dans Athene
C'est encore comme autrefois:
Car aujourd'hui l'on voit sur un dilemme
Nos Philosophes furieux,
Dans leurs exercices fougueux
Tout prêts à s'arracher les yeux,
Tout va toujours de même.

Au tems passé par respect pour les loix
D'Hipocrate & de ses Confreres
L'on alloit rejoindre ses peres,
C'est encore comme autrefois :
Car aujourd'hui c'est toujours un problême
Si ces Docteurs à longs rabats
Sauvent plus d'hommes du trépas
Qu'ils n'en font descendre là bas,
Tout va toujours de même.

❧

Au tems passé, trop docile à la voix,
D'une sombre Philosophie
On vit Caton s'ôter la vie,
C'est encor comme autrefois :
Car aujourd'hui d'un mortel aposême
Souvent aussi fou que Caton
L'Anglois se fait une boisson
Qui le dépêche chez Pluton,
Tout va toujours de même.

❧

Au tems passé, dans un cercle bourgeois
Pour avoir glapi quelque Idile
Mœvius se crut un Virgile,
C'est encore comme autrefois :
Car aujourd'hui par un orgueil extrême
Avec Voltaire & Crébillon
Chaque Goujat de l'Hélicon
Veut entrer en comparaison,
Tout va toujours de même.

FIN.

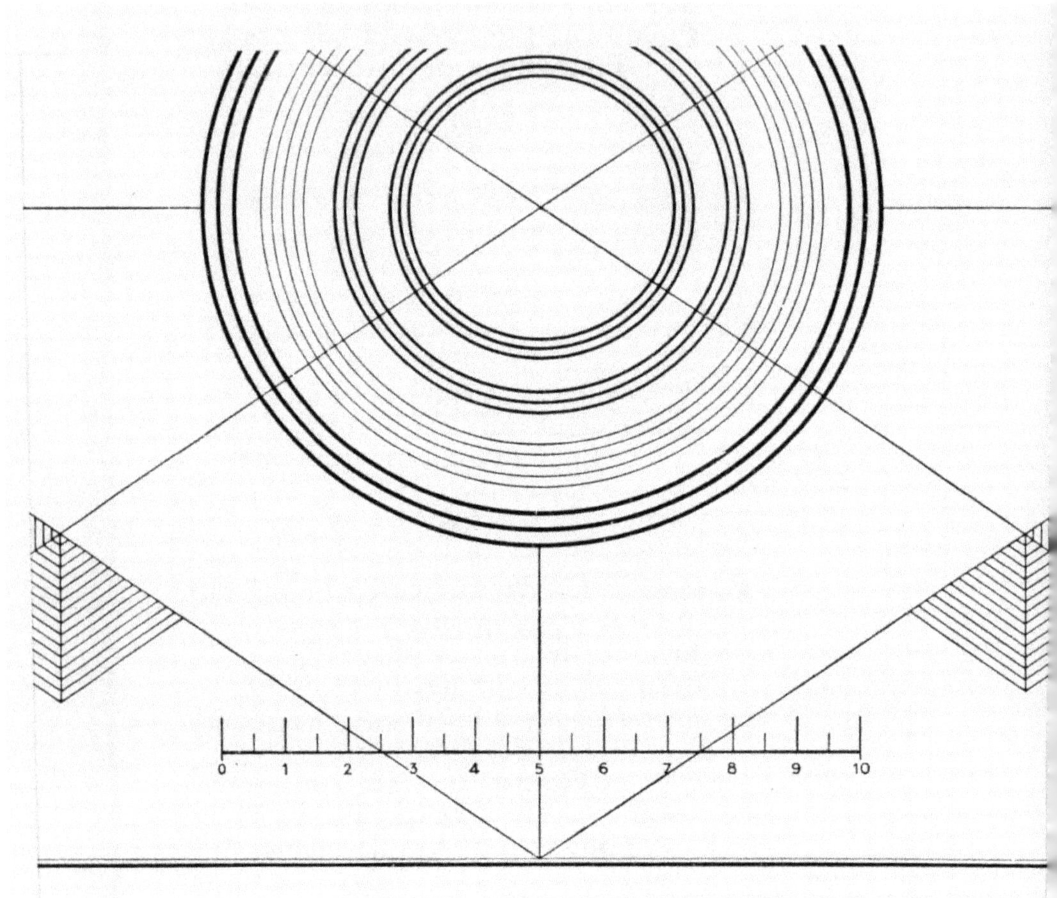

SERVICE PHOTOGRAPHIQUE